JN198403

中小企業のコーポレート・ブランド生成

—— 自立した経営を目指して ——

坂本 隆行 著

晃洋書房

目　　次

中小企業のコーポレート・ブランド生成の方途をもとめて

第1節　中小企業をとりまく現状

　『中小企業白書』によれば，日本の企業の実に 99％（企業数ベース）が中小企業と言われている．しかし，そのほとんどの中小企業が世間に知られることなく設立され，また世間に注目されることもなく倒産・廃業をしている．

　中小企業は，日本経済をけん引しているという社会貢献度の高さに対して，下請け問題や経済の二重構造問題等，経済的に一向に報われていないといった経営課題を抱えている．その克服には，自社で企画・開発を行い，自由に価格を決定することができ，たとえ下請企業であっても親企業に対して価格交渉力を持つといった，いわゆる「経営資源に強みを持った自立した中小企業」となることが必要と言われている．

　昨今の厳しい経営環境の中にあって，中小企業は経営資源になにがしかの強みを持つものでなければ，そもそも市場に存在することすら叶わない．そのため多くの中小企業は，製品開発や販売促進等に懸命に取り組んではいるが，なかなか芽が出ない．すなわち，中小企業は強みとする経営資源だけでは，選ばれる中小企業になれるとは限らないのである．では，一体何が必要なのか．

　一方，経営課題に直面する中小企業が指摘される中，世間の注目を集め市場から認知され，その影響を遠く海外市場まで届かせる中小企業もある．特定の市場領域（分野・地域）に限定されたものではあるものの，その市場領域においてはおよそ大企業に匹敵する程に中小企業が幅を利かしている．確かに中小企業経営の実務において，企業名（＝コーポレート・ブランド）が営業活動を幾度となく助けている事実を，筆者の実務経験からも様々な形で確認してきた．例えば，市場領域（分野・地域）がかなり限定されるものの，中小企業の従業員が新規開拓先としてとある企業を営業活動で訪れた際，大企業以上の信用度をもって受付を突破し，上役との面談に成功したというようなことはよく耳にする話である．また，長年の取引実績とその間に生じる当該企業に対する愛着から，

同一商品を購入するのにわざわざ競合他社に比べ高い金額を支払い，旧知の取引業者を指名買いするといった，高いロイアルティを持つ顧客に恵まれた中小企業も少なくない．

このように考えてみると，当該中小企業が生成したコーポレート・ブランドの影響は，特定の市場領域（分野・地域）に限定されるものの，中小企業に大企業と伍するような強力な営業力を保持させたり，また非常に日常的な経営活動の中においても，微小ながらブランド力が様々な形で当該中小企業を支えたりしていることになる．そうであるならば，これからの中小企業経営は，自社にコーポレート・ブランドを生成させ，その影響力によって取引先から「選ばれる中小企業」となることを志向していくべきではなかろうか．

第2節　コーポレート・ブランドの概念とアプローチについて

以上の背景のもと，本書では以下の2つの問題意識を掲げる．

1つ目は，そもそも中小企業独自のコーポレート・ブランドとはどのような概念であるのかということである．これまでのブランド研究者による先行研究は，主に大企業を対象に考察がなされており，大企業（消費財企業でいえばアップルやソニーなど，生産財企業でいえば日本精工やNTNなど）のコーポレート・ブランド概念に比べブランド力が極めて小さく，その効果の範囲も限定された中小企業のコーポレート・ブランドは，ブランド研究者からはこれまで研究対象から外された存在であり，経営コンサルタント等実務家の経験的な先行研究に終始していた．本書では，まずコーポレート・ブランド論を含むブランド論の先行研究から，中小企業独自のコーポレート・ブランド概念の明確化を行う．

2つ目は，中小企業のコーポレート・ブランドは，どのように生成されるのかということである．中小企業のコーポレート・ブランドは，大企業のブランド力には程遠い微小なブランドではあるが，そもそも中小企業は企業規模が小さく事業領域も限定されていることから，効用という側面では，一度確立され

れば一般的なコーポレート・ブランドと同じ効果（競合の回避，他社との差別化，そして利潤の確保）を持つと考えられる.

　このような経済効果を持つコーポレート・ブランドの概念を明確化し，そしてその生成メカニズムが明らかになれば，数多くの中小企業に長期安定的な企業経営をもたらす一助となるのではないか．本書はこのような思いから，中小企業のコーポレート・ブランドについて研究する.

　次に，上述の2つの問題意識のもと，本書では以下の研究方法を採る.

　1つ目の問題意識に対しては，中小企業のコーポレート・ブランド概念の明確化を図るために，中小企業のコーポレート・ブランドの先行研究を行い，概念の存在と学術的な研究の必要性を確認する．続いて，一般的なブランド先行研究からブランド概念の体系化を図り，その中に中小企業のコーポレート・ブランド概念を落とし込んで，比較検討を行い，研究対象である中小企業のコーポレート・ブランドの明確化を図る.

　2つ目の問題意識に対しては，中小企業のコーポレート・ブランドの生成プロセスの解明を行うために，ブランドを生成した中小企業の経営活動をケース調査し，中小企業の実務から共通したブランド生成要因を見出す．さらにそこから，多くの中小企業に対してコーポレート・ブランドの生成が可能となる普遍的理論の確立を試みる．最後に，中小企業へのコーポレート・ブランドの生成の意義と方法について経営提言を行う.

　このように，上述の2つの問題意識から研究を出発する本書は，あくまで中小企業経営の実務上の必要に応えるための研究であり，その意味で本書の研究方法はいわゆるプラグマティズムを志向する.

第3節　本書の構成

　第1章では，中小企業が日本経済をけん引しているという社会貢献度の高さに対して，下請け問題や経済の二重構造問題等，中小企業が経済的に一向に報

われていないといった経営課題に対して，コーポレート・ブランド化という経営戦略の一例を導き出す．

中小企業白書のデータを用いながら，中小企業のおかれている市場環境から，特に下請型中小企業が厳しい経営を余儀なくされている実態を明らかにする．そして中小企業は，池田［2007］が指摘するように独立型中小企業（自前で企画・開発を行うことで，下請取引で見られるような親企業が存在せず，市場において自由に価格を決定できる）や，自立型下請企業（親企業から受注する点では下請企業と同じであるが，親企業に対して価格交渉力を有する）を目指さなければならないことを言及する．

そのうえで，下請中小企業が困窮する経営環境を脱し，収益性の高い企業へ転換するためには，独立型中小企業や自立型下請企業として進化する必要があるが，この進化は，自社の強みやポテンシャルを企業努力によってコーポレート・ブランド化させ，対象市場の消費者，新規発注業者，サプライヤーに「選ばれる企業」として認知されることが必要であることを指摘している．

第2章では，コーポレート・ブランドの先行研究が，主に大企業を対象に考察がなされており，中小企業は学術的な考察の対象から外された存在とされ，その先行研究は極めて限られていることを指摘する．しかしながら，近畿経済産業局，四元，村尾，伊藤ら主に経営コンサルタントといった実務家による先行研究が存在することから，これら実務家による先行研究をまとめることで，中小企業独自のブランドに2つの種類があることを導き出す．

1つ目は，中小企業がニッチ市場でトップシェアを取ることでブランド想起率が上昇するという「ニッチトップ型のコーポレート・ブランド」である．2つ目は，当該中小企業の良質な日々の経営活動そのものが好意的なイメージとして顧客に直に伝達され，そこから顧客は信用・信頼の積み重ね，経営理念や企業の「想い」を転化した製品に対して「ファン」となり，ファンが増えることで中小企業にブランドが自然発生的に付帯されビジネスを支えていくという「1対1型のコーポレート・ブランド」である．

　同時に，上記の各論者の中小企業のコーポレート・ブランドへの考察は，経営診断等の臨床的な指摘であるがゆえに，診断および指導の経験に基づいた経験則による中小企業のコーポレート・ブランドが論じられており，中小企業のコーポレート・ブランドの全体像に対して断片的な考察に終始しているという課題も指摘している．これらの先行研究だけでは，中小企業のコーポレート・ブランドの存在は判明しても，学術的な定義づけがなされておらず，また生成メカニズムの解明も十分でないため，多くの中小企業に共通したブランド生成理論として実際の中小企業経営に適合させることは困難である．

　そのため，本書の取り組むべき研究の目的を，学術的に中小企業のコーポレート・ブランド概念を明確化し，その生成メカニズムを解明することにした．

　第3章では，あらためて Aaker, Kotler, Keller, 片平，石井，Ambler, Hatch-Schultz, 伊藤の一般的なブランド論の先行研究を考察し，ブランド概念の体系化を行う．

　まず，ブランド概念として次の2つのブランドのタイプを導き出している．

　1つ目は，すでに商標として市場に評価されたブランドを外部調達した場合や，当該企業が自前で生成し資産として自立した状態となったブランドも含めて，企業経営が自立した無形資産としてのブランドを所有し運用している状態で，商標自体にブランドイメージがすでに確立されており，企業経営がブランドを製品に付与して価値を高め，製品にブランドの持つイメージやアイデンティティを持たすものである．この自立した無形資産としてのブランド概念を，ここでは「ブランドAタイプ」とする．

　2つ目は，経営理念や企業の「想い」を転化した製品や当該企業の良質な経営により，顧客やサプライチェーンの構成員がファンとなってブランド企業として認識され，その結果，経営活動自体にブランド力が醸成され付帯するものである．この醸成されたコーポレート・ブランドは，当該企業といわば「一心同体」の状態であり，ここでは「ブランドBタイプ」とする．

　このようにブランドAタイプとブランドBタイプは，一般的に「ブランド」

という同じ呼称で呼ばれているものの「種別」や「生成方法」は異なっている.

　次に，質および生成方法の視点から，ブランド論をポジショニンググリッドを用いて体系化を図る.

　まず，ブランドの「質」の視点から，ブランド概念をブランドが資産としての意味合いを持つ「エクイティ（Equity）型ブランド」と，当該商標や当該企業に対する親密性や信頼性からブランド効果が現れる「ロイアルティ（Loyalty）型ブランド」に区別する.

　次に，ブランドの生成方法の視点から，当該企業の経営技法として自社の製品または自社の企業名に対し，ブランドを主体的に付帯させ市場に投入する「ブランド構築型」と，良質な日々の経営に対して，顧客や市場が自然と自社の製品または自社にブランドを想起させる「ブランド醸成型」に区別する.

　第4章では，第2章で問題提起された中小企業独自のコーポレート・ブランド概念（ニッチトップ型のコーポレート・ブランドと1対1型のコーポレート・ブランド）を，第3章のブランド概念の体系および事例研究をもとに学術的に考察する.

　はじめに，第3章のブランド概念と中小企業のコーポレート・ブランド概念との比較検証から，1つ目の中小企業のコーポレート・ブランド概念である「ニッチトップ型のコーポレート・ブランド」が，前章で指摘された「ブランドAタイプ」とニッチ市場内では同様のブランド概念であること，そして2つ目の「1対1型のコーポレート・ブランド」が，「ブランドBタイプ」と同様のブランド概念であることを指摘する.

　次に，事例研究から，「1対1型のコーポレート・ブランド」が，当該中小企業にロイアルティを持った特定の顧客からのみブランド企業の認知を受ける極めて微視的なブランド（ロイアルティ型ブランド）として醸成されること，その後ニッチ市場でトップシェアを獲得する等事業規模の拡大によってブランド力がニッチ市場で強化され，一般的なブランド概念（「エクイティ型ブランド」）に近い形（＝ニッチトップ型のコーポレート・ブランド）にブランドの質が変化することを明らかにする.

　その上で「1対1型のコーポレート・ブランド」が，中小企業独自のコーポレート・ブランドの基礎となるブランド概念であり，学術的に解明する必要性があることに言及する．

　第5章では，まず1対1型のコーポレート・ブランドの醸成の要因を抽出するため，プロダクト・ブランドの影響を受けにくい「産業財」を生産する企業のコーポレート・ブランドの醸成について先行研究を分析し，そこからコーポレート・ブランドの醸成と企業組織の関係を考察する．

　次に，コーポレート・ブランドを醸成しトップシェアを獲得した中小企業をヒアリングして，コーポレート・ブランドの醸成の要因を明らかにする．その結果，コーポレート・ブランドを醸成している中小企業には，徳性（社会貢献志向や顧客志向）を強く意識した「経営理念」，それを従業員に深く浸透させた「組織風土」，従業員を尊重し能力を発揮させようとする「人事管理」が備わっていることを指摘する．また，徳性を志向する高いモラールが従業員に生じ，意識の転換が図られ，この転換された意識が社会貢献志向や顧客志向に満ちた製品を生み出すことを明らかにする．さらに，これら製品がファンを生み，コーポレート・ブランドを醸成し，これが経営者や従業員に刺激を与え，モチベーションを高揚させているという連環作用の存在を導き出す．

　第6章では，中小企業に共通したブランド醸成の連環作用の要素である「社会貢献志向や顧客志向の強い経営理念」に焦点を絞り，このような特性をもつ経営理念とはいかなるものか，また，経営理念の従業員への浸透はどのようにすべきかについて，先行研究をもとに考察する．

　この考察から，経営理念は経営者の人生哲学と人生哲学に基づいた日々の経営行動から自社の存在理由が明文化されたものであらねばならず，経営理念の内容が全従業員を共感・結束させ，自らの行動指針となるように浸透させる必要があることに言及する．経営理念浸透の方法については，従業員の職業意識の段階やモラールの醸成度合等，組織特性を経営者側が的確に把握し，特性に合わせて選択する必要があると指摘する．

　第 7 章は，前章と同じく中小企業に共通したブランド醸成の連環作用の要素から，企業組織の内部管理の視点である「従業員を大切にし，従業員の能力を発揮させる人事管理」に焦点を絞り，このような特性をもつ人事管理とはいかなるものかについて考察する．

　この考察から，経営者は従業員が本来持っている自立意識や創造性を発揮させ，Ｙ理論的職業意識を醸成するには，専制的組織管理であるワンマン経営を止め，民主制のリーダーシップを行い民主的な組織風土を醸成する必要があることを指摘する．さらに「アイオワ実験」，「SL 理論」において，それぞれのリーダーシップのあり方を考察し，専制的なワンマン経営者のリーダーシップを民主制のリーダーシップへ切り替え，従業員が本来持っている能力を発揮させ，従業員をＹ理論的職業意識に転換するためには段階があり，経営者は従業員個人および組織集団に対して，段階に応じた適切なリーダーシップをとることで，専制的なワンマン経営によってＸ´理論的職業観（先行研究より，中小企業で一般的に指摘される職業観で，仕事はまじめに働くものの「主体性」や「自立意識」に乏しいといった，「Ｘ理論」と「Ｙ理論」の中間に位置する）に閉じ込められていた中小企業組織の職業意識を，Ｙ理論的職業観へと導くことが可能であることを指摘する．

　第 8 章は，中小企業のコーポレート・ブランドの醸成要件に関するこれまでの考察を踏まえ，Ｙ理論的職業観へと導かれた従業員が，どのような意識の過程を辿って，コーポレート・ブランドの醸成要素となる「社会貢献志向や顧客志向の製品」を生みだすのか，そして「社会貢献志向や顧客志向の製品」を通じて，どのように当該中小企業にコーポレート・ブランドが醸成されるのか，について考察する．

　この考察から，当該企業から生み出される製品には，各々の従業員の心理に経営理念に基づいた「人の幸せを叶える製品」を生み出そうとする「想い」が湧き上がり，「想い」を設計・製造に携わる従業員が職務の中で具体的な形に作り上げていき，営業が製品に込められた「想い」を市場に届けるのであり，

このような製品は，それを作り出そうとする「従業員の想い」の捻出作用である経営活動の連環によって成熟していくことを指摘する．

　また経営者は，組織内で従業員相互の協力関係が醸成され，従業員達が「社会貢献志向や顧客志向の組織風土を醸成する」という目標に向かって連環の推進力を高めるように適切なマネジメントを行い，経営活動の連環が停止しないように従業員の職業意識を鼓舞し続けることが求められることを指摘する．

　さらに，従業員の「社会貢献志向や顧客志向の職業意識」から生みだされた製品が継続して提供されることで，当該企業と信頼関係を構築していた顧客が，当該企業のファンとなり継続した購買行動や口コミによる宣伝活動を通じて当該企業を支援するようになることを指摘する．

　その上で，ファンとは当該企業に対して高いロイアルティを抱いている状態であり，ファンの心理面で当該企業に対するブランドイメージとして「1対1型のコーポレート・ブランド」が醸成されることを言及する．

　第9章は，コーポレート・ブランドの醸成により，下請け型中小企業が自立型中小企業へと転換することの意義と方法について総括し，マーケティングやブランディングを意識しない実直で道徳的な日々の経営の積み重ねによって，いつしか当該中小企業にファンが付帯されコーポレート・ブランドが醸成され，それが企業と市場との連環装置となって当該中小企業と消費者，新規発注企業，サプライヤーを仲介することを提言する．

第 1 章

中小企業の今日的課題

下請中小企業の自立に関する一考察

はじめに

　中小企業を論ずるにあたり，「中小企業が日本経済を底支えしている」ということは周知の事実であり，常に指摘され続けてきた事柄である．しかしながら，一部の例外を除き中小企業が日本経済をけん引しているという社会貢献度の高さに対して，下請け問題や経済の二重構造問題等，中小企業が経済的に一向に報われていないのも，また事実である．

　本章では，このような中小企業の経営課題に対して，経営戦略の一例を導き出す．

第1節　中小企業の置かれている現状

1　中小企業の現状と市場での位置づけ

　2014年度における中小企業の企業数は385.3万社であり，これは日本の全企業数の実に99.7％を占めている．また中小企業の従業者数は3217万人であり，全従業員数の約7割を占めている（図1-1）.

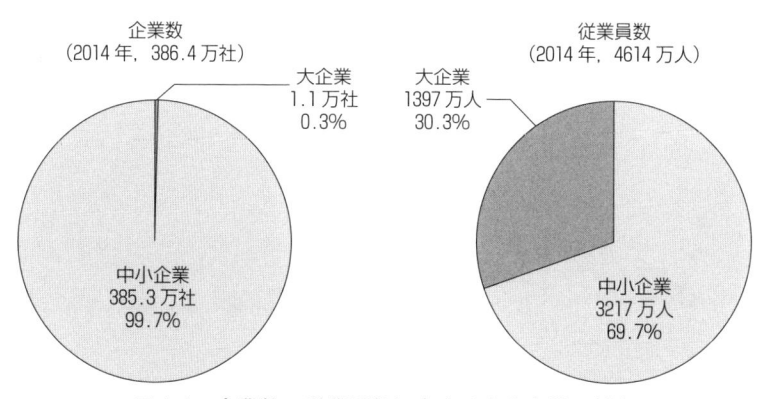

図1-1　企業数，従業員数に占める中小企業の割合

（出所）　中小企業庁HP「中小企業白書2014年版」をもとに筆者作成.

　一方，収益性について見てみると，中小企業の「売上高経常利益率」は1.8％に止まり，大企業の3.2％と比べ約4割に過ぎない（**図1-2**）．中小企業白書では，「中小企業は産業の担い手であり，実質的に国民生活を支える日本経済の母体である」［中小企業庁 2011:59］と述べているものの，企業に資金の余裕はなく，働けども賃金は上がらず，忙しくとも雇用ができないといった苦しい労働環境を強いられている．また経営面においても，薄利経営による資金繰りから設備投資や開発に余裕はなく，企業成長の見込みも立て難い．

　長期的な視点で中小企業の収益構造を考察するため，過去37年間に及ぶ大企業と中小企業の年度別売上高経常利益率の推移（**図1-3**）を見てみると，1973

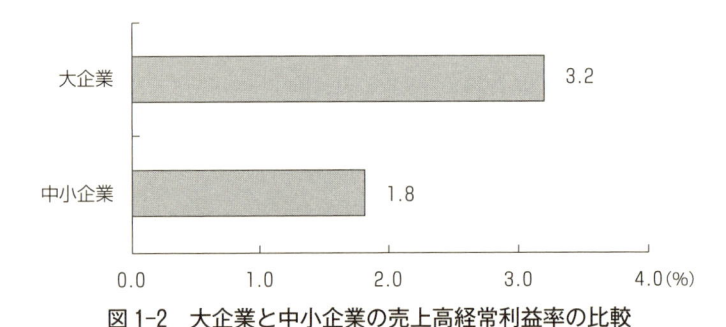

図1-2　大企業と中小企業の売上高経常利益率の比較

（出所）　中小企業庁［2011］をもとに筆者加筆修正.

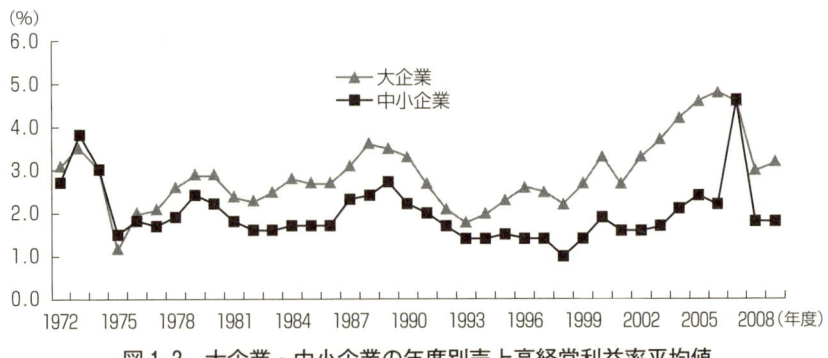

図1-3　大企業・中小企業の年度別売上高経常利益率平均値

（出所）　中小企業庁［2011:73］をもとに筆者加筆修正.

年度から1975年度にかけて中小企業の値が大企業を上回るものの，それ以降の中小企業の値は約2.0%前後を上下しながら今日まで推移している．注目すべきは，1976年度以降，中小企業の売上高経常利益率が一度も大企業の値を上回ることがなかったことである．ここからも，総じて中小企業が大企業に比べ，慢性的に厳しい経営環境下で経営していることが分かる．

　中小企業は総じて経済的に厳しい環境下で経営を行っているが，中小企業白書の指摘では，「中小企業全体のなかで約24.8%の中小企業が，売上高経常利益率において大企業の平均値を上回っている」ことも指摘されている［中小企業庁 2011］．当然ではあるが，全ての中小企業が低収益構造ではないのである．

　さらにこの傾向は，労働生産性においても同様の結果を示している．労働生産性とは，付加価値額[1]を労働者数で除したものであるが，大企業の労働生産性が1人当たり平均910.0万円であるのに対して，中小企業の労働生産性は，1人当たり平均524.7万円と約6割に止まっている．しかしながら前述の売上高経常利益率同様に，大企業平均を上回る労働生産性を維持する中小企業が，少数ながら11.4%存在している（図1-4）．

2　下請中小企業の存在

　ここまでで，中小企業が市場全体のなかで，総じて厳しい経営環境下で経営活動を営んでいること，しかしながら少数ではあるが一定数の中小企業が大企業を上回る付加価値を生みだしていることが明らかとなった．

　現在，中小企業の存在形態が多様化する中にあって，「下請中小企業」は依然として中小企業特有の厳しい経営環境下にある．下請中小企業は，全中小企業数の約半数を占める代表的な経営形態となっている．特に製造業における下請中小企業数の割合は，1981年の65.5%をピークにその後，減少傾向にあるものの，1998年においても未だ47.9%が下請の形態である（図1-5）．このことに鑑みれば，下請形態とはとくに製造業において中小企業特有の形態ともいえる．

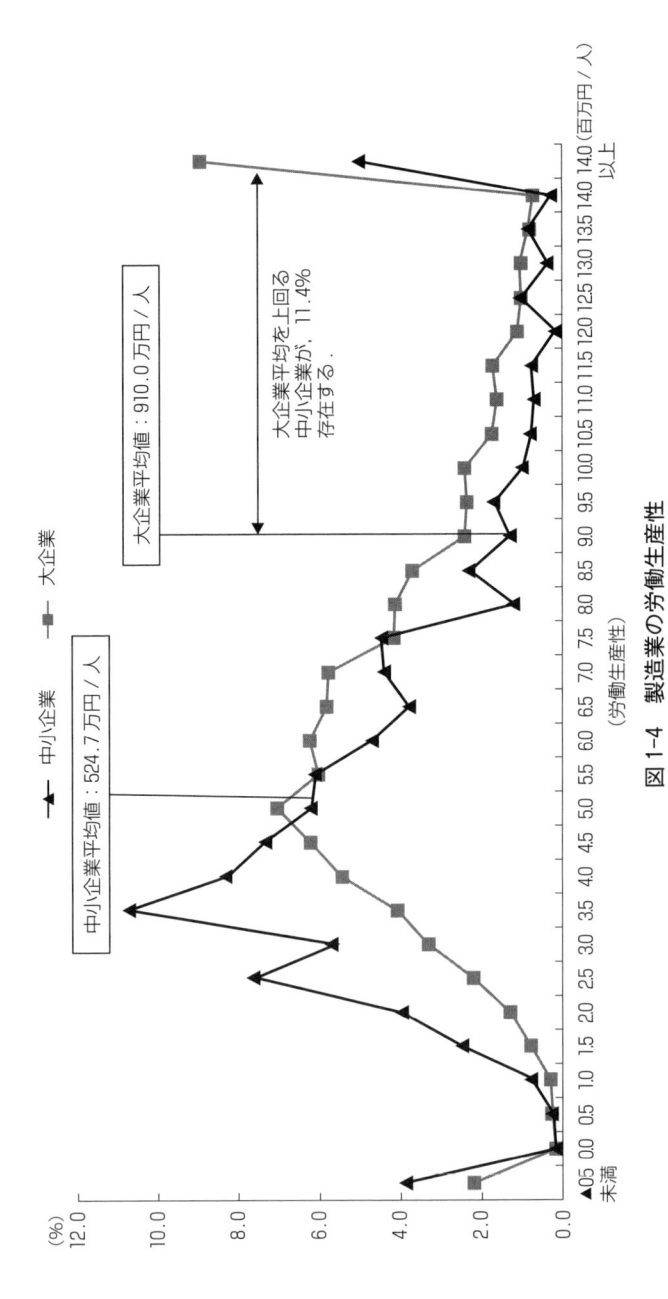

図 1-4　製造業の労働生産性

（出所）中小企業庁［2011］をもとに筆者加筆修正.

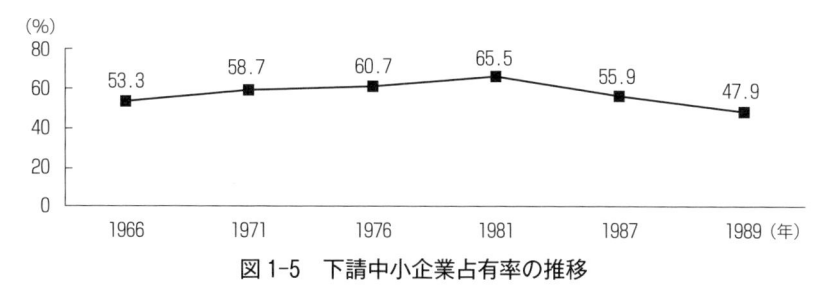

図 1-5　下請中小企業占有率の推移

（出所）　中小企業庁 HP『中小企業白書 2005 年版』「第 2 部 経済構造変化と中小企業の経営革新等」を
もとに筆者加筆修正．

　中小企業問題における下請研究の重要性について，川上［2006］は「（下請制
の研究視角が，旧来の「社会構造としての従属関係」から昨今の「下請業の果たす役割の強
調」へと変化するも）下請制や下請中小企業は，中小企業論における主要な検討
課題であることに変わりはない」［川上 2006:2］と指摘している．

　以上より，中小企業の特徴的な経営形態である「下請中小企業」に焦点を当
て，中小企業の経営課題について論じる．

　図 1-6 は，下請形態に依存する，いいかえれば系列組織に属する中小企業の
メリットを心情面からアンケート調査したものである．下請中小企業は，系列
企業に属することのメリットを「過去取引の経験やノウハウを活かせる」や
「新たな販売活動等営業活動をしなくてもよい」など，仕事を安定的に確保で
きることを高い割合で挙げている［中小企業庁 2011］．

　一方，系列組織に属することのデメリットとしては，「価格条件等の取引条
件の変更が難しい」「過去の経緯等から無理な注文を押し付けられる」といっ
た，いわゆる従属的な立場に立たされることの不利益を高い割合で挙げている
［中小企業庁 2011］．

　この 2 つの中小企業白書のアンケート調査（**図 1-6・図 1-7**）を総括すれば，
下請形態に依存した経営を行っている中小企業の心情とは，「過去の取引の経
験やノウハウを使え，なおかつ新規の営業・販売活動を行わず発注企業より仕
事を受注できるメリットがある代わりに，価格等の取引条件は発注企業に委ね

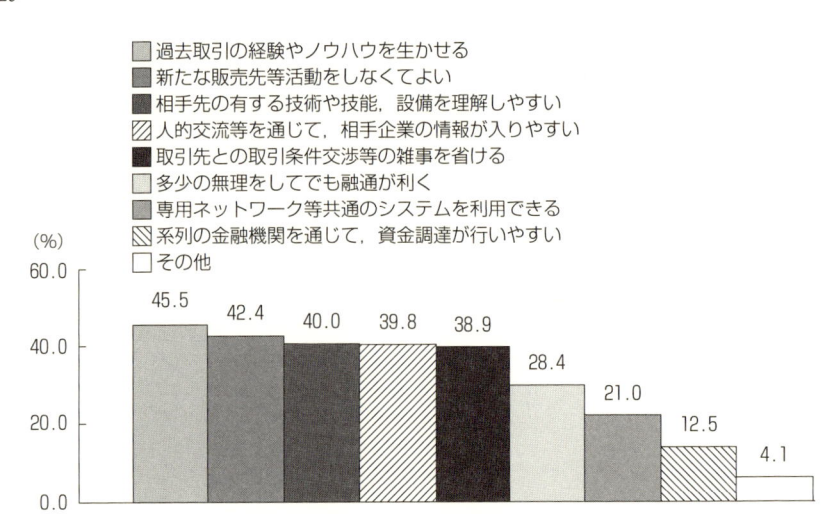

図1-6　系列組織に属することのメリット

（出所）　中小企業庁［2011］をもとに筆者加筆修正.

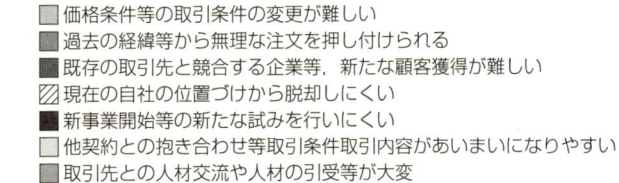

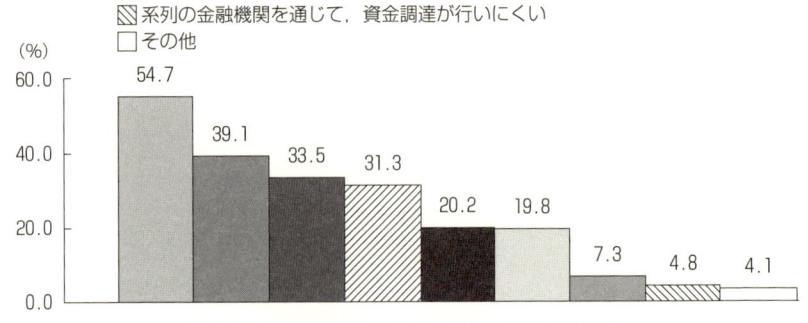

図1-7　系列組織に属することのデメリット

（出所）　中小企業庁［2011］をもとに筆者加筆修正.

られ，無理な注文を受けざるを得ないというデメリットがある」と解釈することができる．

　また上述の「下請形態」を大企業の立場から意識調査した結果を見てみると，約4割の大企業が「自社の生産体制（製品）を支える不可欠な存在」であるとしており，さらに約2割が「自社の製品・サービスのキーコンテンツを提供する不可欠な存在」であると回答している（**図1-8**）．

　さらに，中小企業白書には「系列組織内において，中小企業は大企業にとって無くてはならない存在」［中小企業庁 2011］であると付記されている．しかし

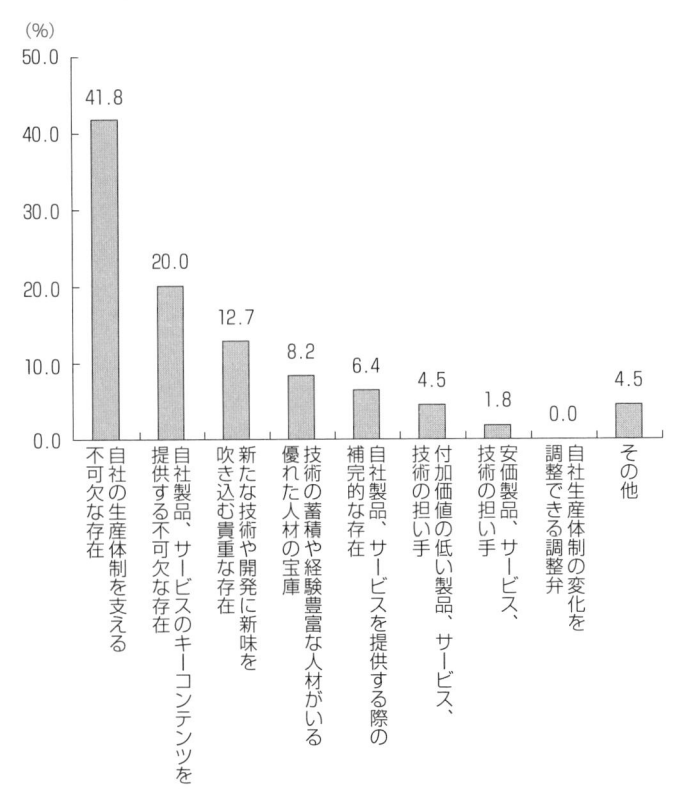

図1-8　系列組織に属する中小企業の存在

（出所）　中小企業庁［2011］をもとに筆者加筆修正.

この場合，大企業のメリットを鑑みれば，系列組織内に組み込まれた中小企業の存在とは，大企業の景気変動に対し大企業の経済的リスクの回避という側面，いわゆる「バッファー」として捉えている傾向もあると考えられる．とはいえ発注企業である大企業と下請中小企業を「企業規模による搾取のメカニズム」と直ちに捉えることもまた，真相を見誤ることになる．

　図1-9は，系列組織内の企業との取引の意向を，大企業・中小企業双方にアンケートを実施したものである．その中で，中小企業・大企業共に実に約4割の企業が，系列企業との取引を「今後も維持したい」と答えている．とくに中小企業側では，系列企業との取引を「今後も維持しつつ，系列組織外の企業とも取引したい」という下請企業が約5割存在しており，系列企業との取引を「今後も維持したい」という意向（約4割）と合わせると，実に9割近くの下請中小企業が，下請形態を今後も継続することを自ら望んでいることになる．

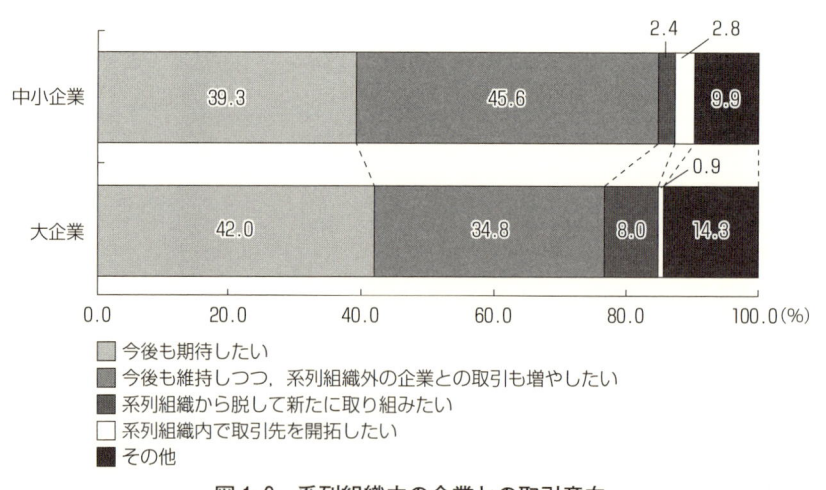

図1-9　系列組織内の企業との取引意向

（出所）　中小企業庁［2011］をもとに筆者加筆修正．

第2節　自立型中小企業経営

1　活力ある中小企業像

中小企業を取り巻く経済環境は厳しいが，このような中で生き抜くためには，立ち向かう中小企業の「活力」が必要である．

岡田［1999］は，中小企業の存立根拠として，次のような市場の実態を指摘する．

完成品・部品なども含めたあらゆる製品市場において，ニーズが多様化・高度化する中，これらのニーズに対応する技術力を一企業で常に確保し続けるには，研究開発費などコスト面からも不可能と言ってよく，さらに市場細分化の過程で，かつてのような大量生産・大量販売といったスケールメリットの追求がなされる範囲が縮小している現状がある［岡田 1999:78］．

このような昨今の市場の現状から，岡田［1999］は，必然的に特定分野での専門的ノウハウを蓄積した中小企業の役割が期待されるとし，中小企業の存立根拠を指摘している．

さらに岡田［1999］の指摘は，アジア企業の脅威という新たな問題に対しても向けられている．つまりアジアの企業との間で技術格差が縮小し，競合範囲が拡大した分野では低コスト競争が熾烈となるため，国内企業においては優位性を発揮できる分野へ進出・開拓を図らなければならなくなったとしている．

では，「活力ある中小企業」とはどのような中小企業なのか．

図 1-9 で下請中小企業の9割近くが今後も下請形態を望んでいたが，下請企業の中には下請からの自立化を図る動きもある．岡田［1999］は，多くの中小企業で下請的な形態での限界が見られるようになったことから，下請形態を脱却し自立化を図る中小企業が相対的に増加していることを挙げ，活力ある中小企業像と中小企業の自立化の関係を指摘している．さらにこのような取り組みが，同時にいわゆるアジア企業との競合状態から脱出する方法でもあると指摘

する［岡田 1999:79］.

2 中小企業の進化目標としての「自立型中小企業」

この岡田［1999］の「活力ある中小企業像」の見解を，池田［2007］も支持している．

図1-10 は，池田［2007］による「自立型中小企業の位置と自立化への経路」を示している．縦軸は「価格決定力の有無」，あるいは「価格交渉力の強弱」のレベルであり，横軸は「自社製品を製造するのか（自前型）」，「発注企業の指示・企画したものを製造するのか（受注型）」の度合いを示している［池田 2007:20］.

自立型中小企業について，池田［2007］は大きく2つのモデルを想定している．1つ目は，「独立型中小企業」である．これは，「自前で企画・開発を行うとともに，下請取引で見られるような発注業者との間で親企業が存在せず[2]，市場において自由に価格を決定できる」［池田 2007:20］企業である．2つ目は，「自立型下請企業」である．これは，「親企業から受注する点では下請企業と同

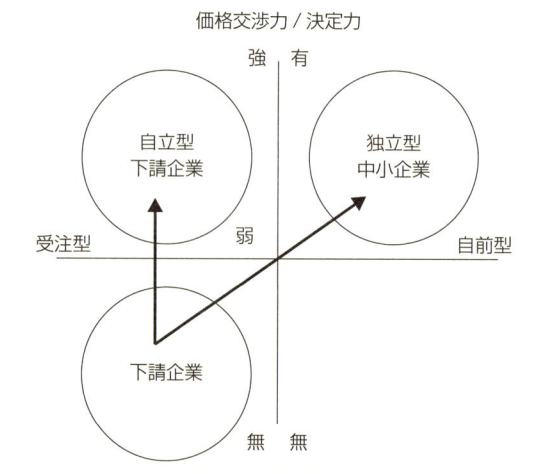

図1-10 自立型中小企業の位置と自立化への経路

（出所）池田［2007:21］をもとに筆者加筆修正.

じであるが，親企業に対して価格交渉力を有する」［池田 2007:20-21］企業である．

　池田［2007］は，自立型下請企業について次のように考察している．自社製品がなく，強力な価格決定力を持っていないという危惧すべき点を有するものの，「元請企業の言いなりにはならず，元請企業に対して"価格交渉力"を有している」ところに自立型下請企業の特徴がある．そのため，これまで下請企業の問題となっていた，「親企業の優位的地位の濫用による取引関係の非対称性が減少される」と考えられる［池田 2007:20］．

　次に2つのモデルをサプライチェーンと自立型中小企業の関連性から見てみる．1つ目の「独立型中小企業」は，市場競争力を有した「強み」のある製品を自社生産することで，当該中小企業が主になって独自のサプライチェーンを構築する（図1-11）．2つ目の「自立型下請企業」は，形態こそ従来の下請中小企業と同じく発注企業のサプライチェーンに組み込まれているものの，特定分野での専門的技術・ノウハウの蓄積で，発注企業と対等な関係を構築する（図1-12）．このように自立型中小企業は，サプライチェーンにおいて他のサプライヤーに対して優位性を持つのである．

　これら自立型中小企業の進化の背景には，グローバル化やIT化の進展による発注企業側の世界最適調達という理由がある［池田 2007:18］．世界最適調達とは，サプライヤーの調達段階（図1-11・図1-12の下部A・B・C枠）で系列の有無を問わず，その都度条件に見合ったサプライヤーを世界中に求めて取引交渉を行うことである．このとき，自社独自の強みを顧客やサプライヤーに示すことができる自立型中小企業は，取引交渉でも優位性を発揮することができるのである．

　ここまでで，自立型中小企業の自社の経営努力による進化経路およびサプライチェーンでの優位性が明らかとなった．しかしながら，自社の経営努力をもって邁進し，上述の進化経路を辿るためには，企業を取り巻く環境要因を考慮しなければならない．先述の岡田［1999］による「アジア企業の脅威」や，池

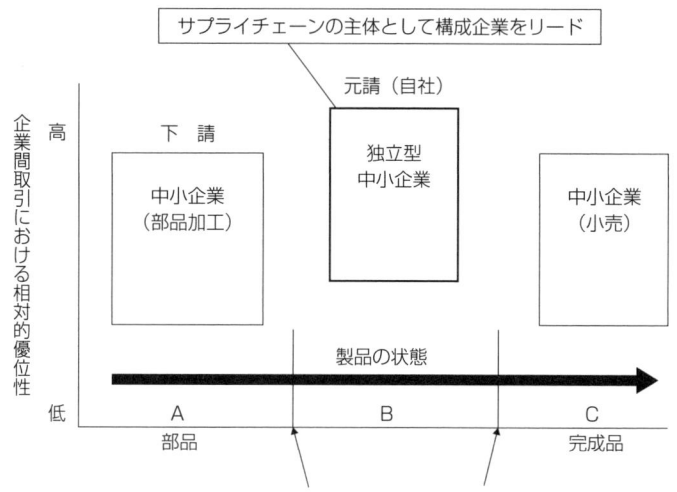

矢印の時点で，その都度条件に見合ったサプライヤーを海外・国内から最適調達する

図1-11　独立型中小企業の優位性

（出所）筆者作成.

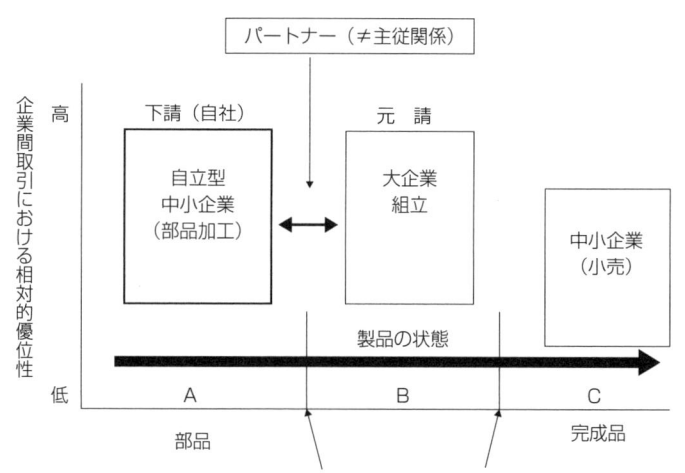

矢印の時点で，その都度条件に見合ったサプライヤーを海外・国内から最適調達する

図1-12　自立型下請企業の優位性

（出所）筆者作成.

田 [2007] による発注企業側での「世界最適調達の動き」は，市場環境の変化が常に流動的であり，企業経営に影響を与えるのである．

3　当該市場より選ばれる企業への進化

では，実力が備わった自立型下請企業が，これまで取引を行ったことのない新たな発注企業から選ばれるために，また同じく独立型中小企業が新たなサプライチェーンを展開する際にサプライヤーの協力を得られる企業となるために，どのような経営戦略を行えばよいのか．「選ばれる企業」となるには，「強み」となる技術やノウハウを保持しており，それが自立型下請企業であれば対象となる新規取引先としての発注企業から，また独立型企業であれば対象となる新たな市場からビジネスパートナーとして懇願されなければならず，そのためには「認知」のステップが必要となる．

　自社の強みが認知され，「指名」を受けるための経営方針を，青木 [1999] は次の2通りをもって説明する．1つ目は，「研究開発を通したイノベーション・品質改良等」であり，自社で市場競争力をつけたいわゆる「強みを持つ企業」になることである．2つ目は，「広告宣伝を通したイメージ形成・意味付け等」である．青木は，この2つの企業努力が「ブランド」となり，識別性が付与され，顧客の指名買いおよび反復購買を誘発するという [青木 1999:17]．すなわちブランドとは，「様々な企業努力を市場成果へと結び付け，変換する連結装置」[青木 1999:17] といえるのである（**図1-13**）．

　青木 [1999] の説明からもわかるように，当該中小企業が市場から選ばれ続けるためには，企業努力により生まれた経営資源としての自社の強みが，市場から認知を受け，新たな取引を対象市場の消費者，新規発注企業，サプライヤーから懇願されるというプロセス（しかけ）が必要となる．つまり，自社の強みを「知る機会（知らせる機会）」を対象市場の消費者，新規発注企業，サプライヤーに与える必要がある．その仲介役こそが「コーポレート・ブランド」である（**図1-14**）．ちなみに，ブランドは製品名が差別化機能や保証機能を持つ印

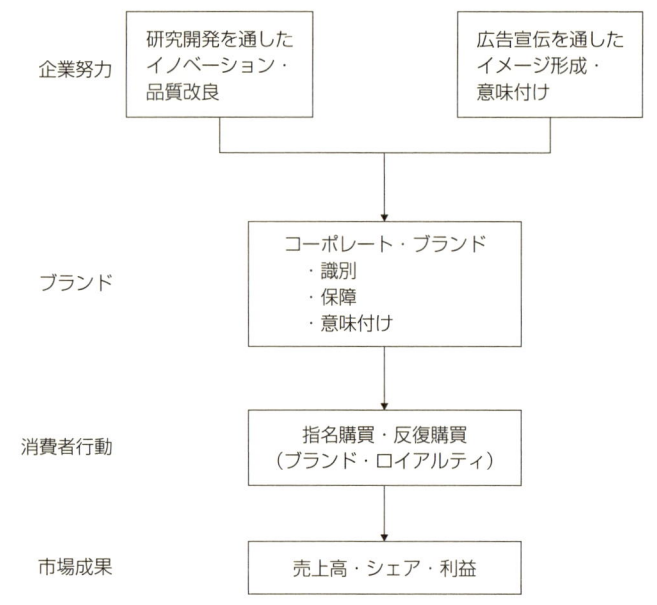

図1-13　企業努力と市場成果との連結装置としてのブランド

（出所）　青木 [1999:17] をもとに筆者加筆修正.

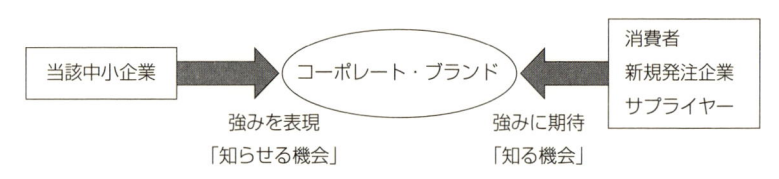

図1-14　中小企業と取引先を仲介するコーポレート・ブランド

（出所）　青木 [1999:23] をもとに筆者加筆修正.

であるが [栗木 2004:115-116]，コーポレート・ブランドも企業名が同様の効果を持つものと考えられる．コーポレート・ブランドの効果は，当該中小企業と消費者，新規発注企業，サプライヤーの仲介役として表れる．

　元請・下請間の系列関係の崩壊という市場環境において，中小企業の「強み」を訴求先である対象市場の顧客や発注企業が強みとして認識できなければ，選ばれることはない．すなわち，まず当該中小企業を知る機会（＝顧客，新規発

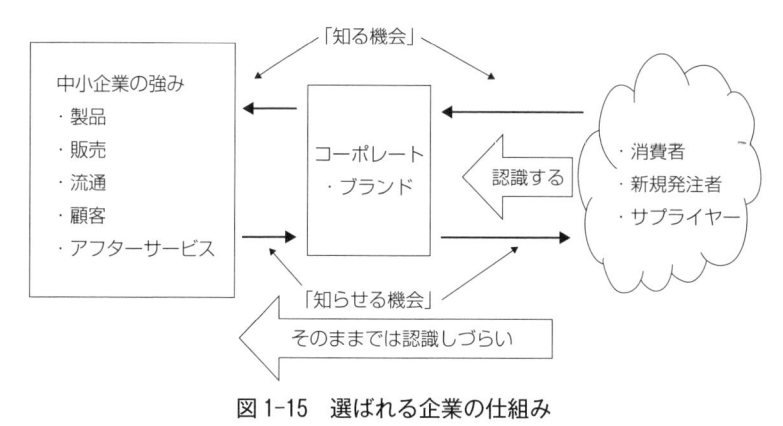

図1-15　選ばれる企業の仕組み

（出所）　筆者作成.

注業者，サプライヤーに知らせる機会）が必要なのである（**図1-15**）．そもそも企業
の内部構造としての企業活動やポテンシャルは，双方に密接な関係がなければ，
外部からはかり知ることはできない．このように，内部を理解させる仲介役
（インターフェース）が存在しない状態で当該企業を外部から観測すれば，当然
ではあるが企業活動やポテンシャルはクローズドの世界として映るのである．

　このようにコーポレート・ブランドを確立させることは，対象市場の顧客や
新規発注企業，サプライヤーが当該中小企業の「強み」を認識することになり，
対象市場の消費者，新規発注企業，サプライヤーと当該中小企業をコーポレー
ト・ブランドのイメージで連結させる，中小企業の経営戦略の強力なツールと
なるのである．

お わ り に

　下請中小企業が，困窮する経営環境から脱し，収益性の高い企業へ転換する
ためには，独立型中小企業や自立型下請企業として進化する必要がある．この
進化は，自社の持てる強みやポテンシャルを企業努力によってコーポレート・
ブランド化させ，対象市場の消費者，新規発注企業，サプライヤーに「選ばれ

る企業」として認知されることによって可能となる.

注

1) 売上高－変動費＝限界利益で表される.
2) 主従関係にある取引の発注業者であり，価格交渉または決定において，強い立場にある.
3) 下請企業に対する発注業者（親企業）.

第 2 章

中小企業のコーポレート・ブランド研究の動向

はじめに

　前章の考察から，下請型中小企業が自立化を図るためには選ばれる企業となることが必要であり，選ばれる企業となるには，当該中小企業にコーポレート・ブランドを生成させる必要があることを指摘した.

　コーポレート・ブランドの考察に際し，これまでの先行研究は主に大企業を対象に考察がなされており［有吉 2008:17-19;30-38］，中小企業はコーポレート・ブランド考察の対象から外された存在とされ，そのため中小企業のコーポレート・ブランドに対する先行研究は極めて限られている[1]．そこで本章は，中小企業のコーポレート・ブランドを考察するにあたり，このような研究上の特徴を持つ中小企業のコーポレート・ブランドの先行研究をまとめ，課題点を探り，そこから本書の取り組むべき研究の目的を明らかにする.

第1節　中小企業のコーポレート・ブランド論の展開

1　近畿経済産業局による考察

　近畿経済産業局［2007］は，ニッチ市場でトップシェアを確保する企業を「ニッチトップ企業」[2]と名付け，中小企業のコーポレート・ブランドの生成を次のような視点から考察している．ニッチトップ企業の特徴の1つとして，特定の顧客から「この製品といえばあの企業」といった具合に支持されているなど，特定の業界の中での評価が高いことが挙げられる．もちろんこのブランド力は一朝一夕で確立されたものではなく，長年にわたる地道な努力の積み重ねた結果のものである．これが結果的に製品の価格決定力や顧客との交渉力に優位性を与えるのである［近畿経済産業局 2007:9］．すなわち近畿経済産業局［2007］は，中小企業のコーポレート・ブランドの生成が，市場を「ニッチ」という小市場に限定し，その中でトップシェアを取ることで，中小企業の事業規

表 2-1 ブランド成立基本要件

| 差 別 化：他に比べ明確に区別される特徴があるか. |
| 　　　　消費者にメリットを与えうるか. |
| 約 束 性：差別化の特徴を具体的に消費者に伝達しうるか. 理解を促進しうるか. |
| 顧客満足：消費者に対し常にリアルな顧客満足を与えているか. リピートを促せるか. |
| 一 流 性：消費者に対し常に一流感を提示できるか. 自尊心の充定を与え続けるか. |

(出所) 四元 [2003:21].

模であっても高いコーポレート・ブランドの想起率が上がること，そして，この事象を生み出すためには長年の地道な経営努力が必要であること，の2点からなると指摘している.

2　四元正弘による考察

広告コンサルタントを生業とする四元 [2003] は，中小企業のブランド（コーポレート・ブランドを含む）を「顧客」側の視点に立って論じている.

四元 [2003] によれば，そもそもブランドとは「信用度を示す情報として市場（消費者）に役立つ印であり，様々なイメージや実体から構成される一種の世界観」[四元 2003:20] であるという. そしてこれらの世界観に魅了された顧客は，そのブランドの「ファン」になるという. ゆえに「中小企業でもその商品や会社そのものにファンがついていれば，それはもう立派なブランド」[四元 2003:20] となるのである. すなわち四元 [2003] の視点は，顧客から見れば，当該企業やその商品に対して顧客がファンになるならば，中小企業であれ大企業と伍するブランドイメージを顧客に喚起することが可能だとするものである. ゆえに，四元 [2003] の考えるブランド生成の要件（表2-1）は，特段企業規模の大小や市場シェア率等を問うものではなく，当該中小企業が顧客に対してあくまで「1対1の関係」の中で当該中小企業をブランド企業だと認識させることにある.

3 村尾隆介による考察

中小企業のブランド戦略専門コンサルタントである村尾［2008］は，中小企業のコーポレート・ブランドの生成が当該中小企業に対する「ファン」と関係していることを指摘する．一般客以上に当該中小企業に対してロイアルティを持つ存在を当該中小企業の「ファン」と定義したうえで，この「ファン」の存在が当該中小企業にコーポレート・ブランドが生成されていることの証であるという［村尾 2008:17-19］．

同じく「ファン」の効果は，従業員が自ら当該中小企業の「ファン」となれば，従業員のモチベーションアップを図ることができ，その結果いわゆる「インターナル・ブランディング[3]」がなされるという．また，協力会社が当該中小企業の「ファン」となれば，取引を協力会社から懇願される，いわゆる「BtoB ブランディング」がなされるという［村尾 2008:17］．

4 伊藤昌直による考察

主に組織論の立場で中小企業に経営コンサルタントを行う伊藤［2011］は，中小企業のコーポレート・ブランドの生成に対して「中小企業と顧客相互の信頼関係の構築」が重要であると捉えている．

伊藤［2011］は，当該中小企業が顧客に対して「『あの会社の商品ならば，多少高価であったとしても安心，間違いはないであろう』と思わせるだけの信頼関係を構築」することで，当該中小企業がコーポレート・ブランド化され，当該中小企業は「ライバル企業と比較してリピート率や付加価値率を向上させる」ことが可能である［伊藤 2011:53］という．

また伊藤［2011］は，コーポレート・ブランド生成のポイントである顧客との信頼関係の構築には「経営品質」の向上が必要だとして，企業内に「経営品質の基準」を定め徹底していくことを推奨している（**表2-2**）．

伊藤［2011］は，上述の4つの基準を順守することで経営の品質を高められ，さらに顧客から信頼され，その結果，顧客個人が心情的イメージとして当該企

表 2-2　顧客との信頼関係を生む経営品質の基準

1.〔経営に関する基準〕

　事業において，オープン（公開），フェア（公正），オネスティー（正直）といった「王道を歩む」ことが基本である．コンプライアンスの順守は無論，顧客への偽りや誇張表現などは自社の実力以上に誇張されブランドを崩壊させるため，固く戒めるべきで ある．また，経営者自身や役員の姿勢・行動，組織運営のあり方，ステークホルダーである仕入れ先への対応基準などを設計する必要がある．その他，社員の就労環境や就労条件，育成に対する基準を設計し，社員満足度を高めて行くことも重要である．

2.〔顧客に関する基準〕

　「大事にする顧客」「捨てる顧客」の基準を明確にすることである．優良顧客を指すのであるが，重要なことは自社とパートナーシップを取れる顧客との取引を優先させる．逆に，価格のみの付き合いで自社の商品価値を理解しない，自社の利益を最優先する利己的な企業や，経営倫理意識の低い企業との取引は，売り上げても一過性であり「捨てる」べきである．

3.〔商品に関する基準〕

　提供する商品に，機能価値・価格価値・感性価値などの項目を設け，それぞれ基準を策定する必要がある．この基準では，圧倒的なナンバーワンを目指し，顧客の求めるレベルを見極め，基準化することがポイントである．

4.〔社員の行動基準〕

　品質は現場がつくるものであり，社員の意識と風土から高い品質が生まれる．経営理念は，社員の行動基準にまで落とし込めてこそ生きてくるものである．

（出所）　伊藤［2011:56-58］.

　業をコーポレート・ブランド化するという．大企業のブランド戦略に見られる，いわゆる「パワー・ブランド[4]」のようなブランド想起率を問う概念とは違う，中小企業独自の視点に立ったブランド概念といえる．

5　先行研究のまとめ

　上述の近畿経済産業局［2007］，四元［2003］，村尾［2008］，伊藤［2011］らのそれぞれの先行研究をまとめれば，中小企業独自のブランドには，大まかに2つのタイプを指摘することができる．

　1つ目は，近畿経済産業局［2007］の指摘に見られる，中小企業がニッチ市場でトップシェアを取ることでブランド想起率が上昇するという「ニッチトップ型のコーポレート・ブランド」である．2つ目は，四元［2003］，村尾［2008］，

伊藤［2011］らが共通して指摘する，当該中小企業の良質な日々の経営活動そのものが好意的なイメージとして顧客に直に伝達され，そこから顧客は，中小企業との日々の商取引における信用・信頼の積み重ねや，経営理念や企業の「想い」を転化した製品に対して「ファン」となり，ファンが増えることで中小企業自体にブランドが自然発生的に付帯され，ビジネスを支えていくという「1対1型のコーポレート・ブランド」である．

第2節　中小企業のコーポレート・ブランド論の課題

近畿経済産業局［2007］，四元［2003］，村尾［2008］，伊藤［2011］らの中小企業のコーポレート・ブランドへの考察は，経営診断等の現場でブランディングを実践として生成してきた実績に裏打ちされた臨床的な指摘であり，極めて実効性の高い指摘である．しかしながら，各論者の研究目的が経営実務での臨床的効果を求められていることから，上述の各論者の先行研究を学術的な視座より捉え直せば，次のような課題点が残る．

近畿経済産業局［2007］の考察は，中小企業独自のブランド生成に対し，いわゆるパワー・ブランドとまで昇華したコーポレート・ブランドのみの指摘に終始しており，他の論者が指摘する「1対1型のコーポレート・ブランド」に対する指摘がなされていない．四元［2003］の考察は，中小企業のコーポレート・ブランドに対して「1対1型のコーポレート・ブランド」の存在を指摘したが，それはあくまで当該中小企業に対する顧客の心情面からの指摘であり，コーポレート・ブランド自体の概念の把握が必要となる．村尾［2008］の考察も四元［2003］と同様に，当該中小企業への「ファン」の存在がコーポレート・ブランドを生成した証であるという指摘がなされ，さらにコーポレート・ブランド生成の2つの効用（「インターナル・ブランディング」および「BtoB ブランディング」）について指摘がなされている．しかし，なぜ当該中小企業への「ファン」の存在がブランド生成の証なのか，そしてなぜ上述の2つの効用が発生す

るのか，については不明瞭である．伊藤［2011］の考察は，コーポレート・ブランドの生成プロセスに言及するも，伊藤［2011］の提唱する 4 つの経営品質の向上によって顧客との間に信頼関係が構築され，コーポレート・ブランドを生成させるという経営技法論に終始しており，抽象的・普遍的な分析はなされておらず，中小企業のコーポレート・ブランドの生成プロセスの解明には至っていない．

　総じてこれら各論者の考察の課題をまとめれば，各論者の先行研究はそれぞれ，中小企業経営の経営課題の解決を図る目的から，実務的な中小企業経営の診断および指導の経験に基づいた中小企業のコーポレート・ブランドを論じている．そのため，これらの先行研究だけでは，「中小企業のコーポレート・ブランドが確かにある」ということは判明しても，学術的な定義づけがなされておらず，また生成メカニズムの解明も十分ではない．これでは，多くの中小企業に共通したブランド生成理論として実際の中小企業経営に適合させることは困難である．

第3節　本書が目指すもの

　以上本章では，中小企業のコーポレート・ブランドの先行研究をまとめ，中小企業独自のコーポレート・ブランドの存在を明らかにし，また課題点を指摘した．

　コーポレート・ブランドの先行研究は，主に大企業を対象に考察がなされており，中小企業は学術的な考察の対象から外された存在とされ，その先行研究は極めて限られていた．主に経営コンサルタントといった実務家らによるコーポレート・ブランド概念は，経営診断等の臨床的な指摘であるがゆえに，診断および指導の経験に基づいた経験則によって論述されている．そのため，これらの論者の考察を多くの中小企業に共通したブランド生成理論とするには，中小企業のコーポレート・ブランドの全体像を学術的に捉え直す必要がある．

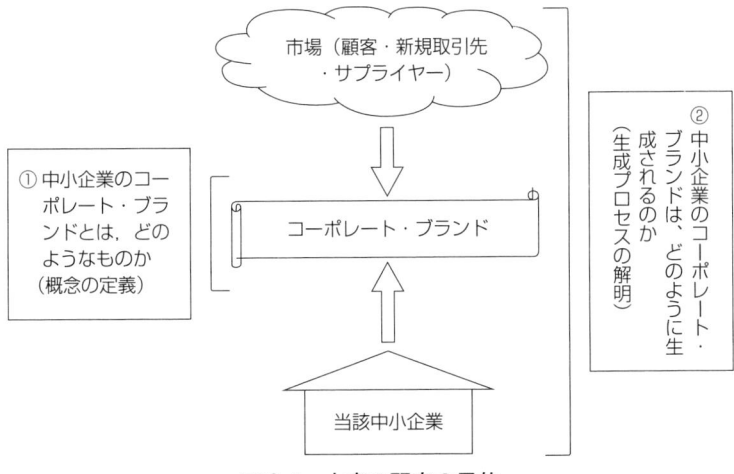

図 2-1　本書の研究の目的

（出所）　筆者作成.

　そこで，本書の取り組むべき研究の目的を，① 中小企業のコーポレート・ブランド概念の明確化，および ② その生成メカニズムの解明とする（**図 2-1**）.

注

1)　この事象については，Spence-Essoussi［2010］や Chakraborty［2013］も，中小企業のコーポレート・ブランドに対する先行研究の少なさを指摘している［Spence-Essoussi 2010：1037；Chakraborty 2013：46］.

2)　近畿経済産業局［2007］は，ニッチトップ企業を，「① 大企業が参入するほどではない適度な大きさの市場に参入し，② 市場のニーズに応える独自の技術を有し，③ 高いシェアを達成している企業」と定義する［近畿経済産業局 2007：5］.

3)　従業員やグループ会社など組織内部のステークホルダーに向けて行うブランディング活動.

4)　数あるブランドの中でも卓越した強さを持つブランド［片平 1999：40］.

第 3 章

ブランド概念の体系化

は じ め に

　本章は，前章で指摘した中小企業独自のブランド概念を学術的に解明するにあたり，その検証の土台として，まず一般的なブランド概念がどのようなものであるか，およびどのように学術的な研究がなされているかを明確にし，次にブランド概念の解明と体系化を図る．

第1節　ブランド論の成立

　ブランド（Brand）とは，「焼印を付ける」を意味する Brandr というノルド語から派生した言葉であり，これまで数世紀もの間，ある生産者の製品を他の製品と区別するための手段であった［Keller 1998：邦訳 37］．焼き物の落款や装飾品等に作者の印として刻まれた最初期のブランドは，幾多の市場の解釈を経て，現在の「ブランド概念」へと発展したのである．

1　価値のある商標としてのブランド論

　ブランド論の基礎となる概念として，Kotler のブランド論を挙げる．

　Kotler［2001］は，従来から言われるいわゆる「ブランド」を，次のように説明している．「個別の売り手もしくは売り手集団の財やサービスを識別させ，競合他社の財やサービスと区別するための名称，言葉，記号，シンボル，デザイン，あるいはそれらを組み合わせたもののことである」［Kotler 2001：邦訳 498］．さらに，ブランド自体が意味世界を持つ[1]という特性があると指摘しており，自動車ブランド「メルセデス・ベンツ」を例に，6 つのブランド要素にまとめ説明している（**表3-1**）.

　また Kotler［2001］は，これら6つのブランド要素が市場内でイメージ化された時，当該製品・サービスに付与されている名称や記号が，価値のある商標

表3-1　Kotler のブランド 6 要素

1．属性 　　ブランドは，ある特定の属性を連想させる．メルセデス・ベンツといえば高価で堅牢，高い技術力に耐久性，高い威信を誇る自動車というイメージがある． 2．ベネフィット 　　属性は，機能的及び感情的ベネフィットに言い換えられなければならない．「耐久性」という属性は，「数年は車を買い替える必要がない」という機能的ベネフィットに言い換えられる．「高価」と言う属性は，「この車は自分が偉い人間で，人から崇拝されているような気分にさせてくれる」という感情的ベネフィットに言い換えられる． 3．価値 　　ブランドは，生産者の価値をも物語る．メルセデス・ベンツは高性能，安全，威信の代名詞である． 4．文化 　　ブランドは特定の分野を象徴している．整然とし，能率的で高品質なメルセデス・ベンツは，ドイツ文化の象徴である． 5．個性 　　ブランドは特定の個性を伝えることがある．メルセデス・ベンツには人間でいえば厳格な上司，動物で言えば王者たるライオン，建物でいえば厳粛な宮殿というイメージがある． 6．ユーザー 　　ブランドは，その製品を購入したり使用する消費者のイメージを伝える．メルセデス・ベンツを運転する人として思い描かれているのは，55 歳の重役であって 20 歳の秘書ではない．

(出所)　Kotler［2001:邦訳 498-499］.

　としてブランドになるとしている．このように Kotler［2001］は，ブランドとは単なる名称や記号を超え，市場内でイメージ化される世界感を「ブランド連想」させるものと考えている．

　Kotler［2003］は，コーポレート・ブランドにも言及し，その重要性を示唆している．

　そもそもブランドとは，製品名がブランド力を持つプロダクト・ブランドと，企業名がブランド力を持つコーポレート・ブランドに大別されるが，Kotler［2003］は，コーポレート・ブランドについて，「企業は自社の基本価値を明確にし，コーポレート・ブランドを構築すべき」［Kotler 2003:邦訳 31］と指摘する．スターバックス，ソニー，シスコシステムズ，GE，アメリカン・エキスプレス等を挙げ，これらの強力なコーポレート・ブランドを冠した製品やサー

ビスは，品質や価値を容易にイメージすることができるとし，コーポレート・ブランドを，当該企業が提供する製品やサービスに冠することで，プロダクト・ブランドとは違ったブランド効果を生じさせる［Kotler 2003：邦訳 3］．

2　経営資源としてのブランド論

Aaker は，ブランドを企業経営における「経営資源」として捉えており，そこから Aaker は独自のブランド論である「ブランド・エクイティ」を提唱している．Aaker ［1991］によれば「ブランド・エクイティ」とは，商標やシンボルマークがブランド力を持ったことで生じた価値のことであり，製品やサービスに価値を加えたり，場合によっては価値を減じたりするものである［Aaker 1991：邦訳 377］と定義する．

また，Aaker ［1996］は「ブランド・アイデンティティ」という概念を生み出しており，それは人物のアイデンティティと同様に，ブランドに方向性や目的・意味を与えているもので，「ブランド連想」をより確かなものにするブースターとなるのである［Aaker 1996：邦訳 86］．

Aaker ［2000］は，ブランド・アイデンティティとは，マーケッターが顧客に「ブランド連想」をさせ，さらに持続させることによって，競合企業に対しブランドイメージによる差別化を行うよう企業の経営戦略をアシストする媒体である［Aaker 2000：邦訳 48］，と論じている．そして，強力なブランドとはソニーやアップルのようにブランドが著名人等のパーソナリティと同様の「豊かで明確なブランド・アイデンティティをもつこと」［Aaker 2000：邦訳 48］であるとしている．

すなわち Aaker のブランド論は，Kotler の商標としてのブランド論と比較して，より経営とブランドを直結させて考えており，積極的にブランドを経営に使用するブランド論といえる．

3　顧客と企業が価値を共生するブランド論

　Amblerは，マーケティングにおいて顧客とブランドは互いに関係を深めていくと捉える見解は，伝統的な経営戦略や経営戦術と並んで経営の基本となるものとし［Ambler 1997：邦訳 59］，ブランド戦略を企業経営全体の問題として捉えるのである．Amblerは人の意思決定のプロセスは，感情，経験，そして認識（合理的判断）が複雑に絡み合っていて，分離することは困難であり［Ambler 1997：邦訳 88］，企業と顧客・サプライチェーン構成員が互いに価値を共有し，ブランドが醸成される，すなわち，ブランドにおける顧客・サプライチェーン構成員のロイアルティの重要性に着目したのである．

　Amblerのいうブランドとは，ブランド・エクイティが顧客やサプライチェーン構成員の心の中に蓄積された，いわゆるブランドに対するイメージの集大成であり，「顧客の心と思い」こそ将来にわたって長期的な利益を高めるブランドの基であるとしている［Ambler 1997：邦訳 66］．

　以上本節では，Kotler，Aaker，Amblerのブランド概念を見てきた．Kotler，Aakerらの考察では，ブランドは価値のある「商標」として出来上がった企業の経営資源（＝エクイティ型ブランド）であり，一方Amblerの考察では，当該企業自体や当該企業の製品・サービスに対する顧客やサプライチェーン構成員のロイアルティ（＝ロイアルティ型ブランド）であるということができる．

第2節　ブランド生成論の展開

1　ブランド・エクイティ・ピラミッド

　ブランド生成の考察を加えるにあたり，Kellerの次の言葉を念頭におく必要がある．曰く，企業はブランド構築を推進するが，結局，ブランドは顧客の心の中に存在する［Keller 1998：邦訳 46-47］．

　Keller［1998］は，顧客と企業という2者間のブランド概念を基にして，独自のブランド概念「顧客ベースのブランド・エクイティ」を提唱する．「顧客

ベースのブランド・エクイティ」とは，あるブランド・マーケティングに対し，顧客自身が持つ当該ブランドに対しての知識が顧客自身に与える，ブランドの影響とその効果のこと［Keller 1998：邦訳 78］であり，ブランド構築の基本となる概念である．

　Keller は，「顧客ベースのブランド・エクイティ」がどのような時に生まれるのかについて，顧客が「ブランドに対して高いレベルの認知と親しみを有し，自らの記憶内に強く，好ましく，そしてユニークなブランド連想を築いた時に生まれる」［Keller 2003：邦訳 42］という．

　Keller は，ブランド構築過程を「顧客ベースのブランド・エクイティ・ピラミッド」としてまとめている（**図 3-1・表 3-2**）．

　Keller によれば，ブランド・エクイティが下段（Salience）より上段へと順次構築され，頂点（Resonance）に達した時にはじめて，各ビルディングブロックが各々の場所で機能し，「強いブランド・エクイティ」を構築するのだという［Keller 2003：邦訳 53］．Salience によってブランドは認知段階に入るが，ブランド構築には，Imagery やその上の Feelings といったブランドに対する感性・感情的な価値（＝喜び）の印象の方向と，Performance やその上の Judgments といったブランドに対する品質・機能面の方向の両面から顧客の評価を得るというブランド構築のプロセスを経て，そこから，顧客の心理面に「価値観を共有する」ことや「愛着を感じ他に変えられない魅力感じる」という Resonance の段階に達する[2]．そこで初めて，顧客は，これまでの様々なブランド構築の段階で自身が学習した知識や親しみが，実は自身が当該ブランドに対する「ブランド認知」の顕在化であることに気づくのである．この段階でようやくブランド構築は完成する．

　このような Keller［2003］の考えるブランド構築は，Ambler のいう「顧客とブランドが互いに関係を深めていくと捉える見解」と比べ，ブランド構築の技法を用いて顧客の心情を攻略するプロセスの色合いが強い．

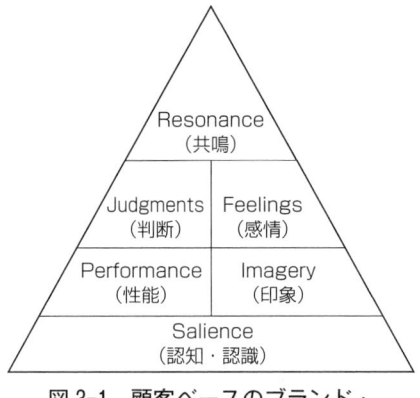

**図 3-1　顧客ベースのブランド・
エクイティ・ピラミッド**

（出所）　Keller [2003:邦訳 54] をもとに筆者加筆修正.

表 3-2　顧客ベースのブランド・エクイティ・ピラミッドの構成要素の説明

Ｓａｌｉｅｎｃｅ：強い特徴を持つブランドは，ブランド認知の機会を十分に確保しているため，顧客はどのような時や場所でも，当該ブランドを思い出すことができる．
Performance：製品やサービスは顧客のニーズを満たす機能性と関っており，そのため製品やサービスがもともと有している特性によって，ブランドがもたらすパフォーマンスは変化する．
Ｉｍａｇｅｒｙ：ブランドイメージとは，ブランドを抽象的に捉えることであり，優れたブランドはたいてい強く，好ましく，そしてユニークな「ブランド連想」を想起させる．
Judgments：ブランドに対して顧客が抱く，個人的な意見や評価のことである．
Ｆｅｅｌｉｎｇｓ：ブランドに対する顧客の感情的反応のこと．ブランドによって引き起こされる感情は，顧客が製品を消費する状況で強く結びつく．
Resonance：ブランド構築の最終ステップは，ブランドと顧客の間で強いリレーションシップを築くことである．ブランド・レゾナンスはこのリレーションシップの質やブランドと顧客が「同調」している状態を表す．

（出所）　Keller [2003:邦訳 53-75] を一部省略して筆者作成.

2　パワー・ブランドと生成要素

　片平［1999］は，ブランドとは「圧倒的な存在感」であり，「ほかでは味わえ
ない独自の世界」であると述べている．またブランドの存在感について，ブラ
ンドの名前が顧客の脳細胞に深く刻みこまれている状態を「パワー・ブラン
ド」と命名する［片平 1999:4-5］．それは，ブランド生成の進化過程で出現する
ブランドが究極まで強化された状態を指している．

　上述の例えとして片平［1999］は，「カローラ」と「ビートル」という2つの
車を例に挙げ，つぎのように説明する．カローラには製品の品質は高いが，ブ
ランドの世界がなく，10年経ったカローラはただの旧い車として認識される．
しかし旧いビートルにはその時代ごとにストーリー性があり，独自の世界を持
っている［片平 1999:6-7］．すなわち片平は，品質の良い製品を提供することが
無意味ではないことを断りながらも，強調すべきは，ブランドが皆の心をワク
ワクさせる単なる品質を超えたプラスアルファを備えていることであるという
［片平 1999:6-7］．

　片平［1999］は，パワー・ブランド生成要素として「革新性」を挙げ，企業
経営との関係性から「革新性」を説明している（表3-3）．

　すなわち「パワー・ブランドの革新性」を発揮するには，企業の良好な組織
風土と経営者を含めた全社員がブランドの世界観を理解し，両者を融合させ独
自の世界観を形成させることが必要である．企業組織内部の社員が革新性のも
と，心から欲する製品やサービスを作り出すことが，顧客を感動させることに
つながり，ブランドが生成される．そしてこれらが市場に継続提供されること
で，顧客の頭の中でブランドが「パワー・ブランド」へと強化されるのである．

表3-3　パワー・ブランドの革新性

1．経営者の先見性：自分と自分を取り巻く世界を「絵」に描けること．
2．組織の先取性：不可能に挑戦する組織風土があること．
3．技術の先進性：製品について前進を怠らないこと．

（出所）　片平［1999:89］をもとに筆者加筆修正．

3　コーポレート・ブランドと生成要素

Hatch and Schultz [2001] は，コーポレート・ブランドに着目しその生成を論じている．

Hatch and Schultz [2001] は，強力なコーポレート・ブランドを生成するには，3つの基本要素が相互に作用しながら統合される必要があると指摘する．三要素とは「ビジョン」「企業文化」「イメージ」である．Hatch and Schultz [2001] はこの三要素を「Strategic Star（＝戦略の星）」と称している（**表3-4**）．

また Hatch and Schultz [2001] は，コーポレート・ブランドを構築するメリットは，製品・サービスへの信用付加作用であり，「Strategic Star」が顧客と反応（共感）を起こすことによって生じるコーポレート・ブランドの背景として，顧客が企業の社会的活動や経営理念，企業文化等を含むすべての事業活動に反応を起こしていると指摘する．

伊藤もコーポレート・ブランド概念を考察している．伊藤 [2001] は，コーポレート・ブランド自体が当該企業の「あるべき姿」または「市場から期待されている姿」を明示するという．

伊藤 [2001] は，コーポレート・ブランドを構成する要素について次のように説明している（**表3-5**）．

そもそもコーポレート・ブランドとは，例えば「ソニー」や「トヨタ自動車」といった世間一般に名の通った企業の資産としての「ブランド」を指すのであるが，生成プロセスからコーポレート・ブランドを考察すれば，「ソニー」の場合は音響機器メーカーの良質な製品や経営活動がコア・アイデンティティ

表3-4　Strategic Star

1．ビジョン：経営陣が自社に抱いている願望．
2．企業文化：組織の価値観やその行動を意味する．あらゆる階層の社員が自社に対して持っているもの．
3．イメージ：第三者が自社に対して抱く全体的な印象を指す．第三者には顧客や株主，マスメディア，一般大衆などすべてのステークホルダーが含まれる．

（出所）Hatch and Schultz [2001：邦訳 4-5]．

表3-5　コーポレート・ブランドの構成要素

1．コア・アイデンティティ：当該企業がこだわりを持ち，時代を超えて貫き通す価値観であり，企業の原点，精神的基盤ともいえるものである．
2．ブランド・アイデンティティ：企業のコア・アイデンティティに基づいてなされる，顧客に対する「約束」である．
3．企　業　ビ　ジ　ョ　ン：企業グループのブランド・アイデンティティを実現するための戦略目標である．

(出所)　伊藤［2001:4-5］．

として，市場から「ソニー」らしさとしてブランド認知を受けている．同じく「トヨタ自動車」の場合は，良質な車の生産や経営活動が「トヨタ」らしさとして，ブランド認知を受けたと考えられる．そしてこのようにブランド認知を得た後は，今後もコア・アイデンティティを育む製品の提供や経営活動を行うであろうという世間の期待を一身に受け努力する企業姿勢が，ブランド・アイデンティティの醸成につながるのである．当該企業は，これらコーポレート・ブランドの構成要素に従って経営活動を継続することを企業ビジョンとすることで，結果として市場の期待に応えることとなり，コーポレート・ブランドが醸成されるのである．

4　ポスト・モダン的視座からのブランド生成論

　ブランド自体の価値生成に焦点を当てた研究に，石井［1999］の「ポスト・モダン的ブランド生成論」がある．石井［1999］の論点は，ブランドの自己生成を考察したものであるが，ブランドの生成プロセスへの考察に哲学的視点でアプローチしたところが大変興味深い．

　石井［1999］は，ブランド価値を「非現実な何か」として，ブランドの持つ摩訶不思議な特性に踏み込んだ考察を行う．石井には，ブランドが「時には浮き草のように消えてしまうものであり，何か群衆心理か共同幻想のような頼りなげな存在であり，独自の価値を持った存在として企業や国民経済を長きにわたって支える確かな現実を持つ実態である」と映るのである［石井 1999:8］．石井は，ブランドが「無から有の価値を作り出す」という不思議な魅力を持って

いるからであると言い，その上でブランドとは市場の中で，外部の何ものも搾取や犠牲を払わず価値を作り出すという不思議な性質を持つと論じている［石井 1999：12］．

　以上本節では，Keller，片平，Hatch and Schultz，伊藤，石井のブランド生成論を見てきた．

　Keller のブランド生成論は，自社の製品・サービスに当該企業の「経営技法」として，すでに市場のブランド認知がなされている無形資産としてのブランドを，主体的に付帯させ市場に投入する「ブランド構築型」のブランド生成論を展開している．対して Hatch－Schultz，片平，伊藤らは，コーポレート・ブランドに着目し，日々の良質な経営活動およびそこから生み出される顧客や市場が，自然と自社の企業名にブランドを想起させる「ブランド醸成型」のブランド生成論を展開する．さらにブランド創設の深耕度合いが増すと，石井のいうブランドの独自世界が自己形成されるのである．

第3節　ブランド概念の明確化

1　ブランド概念の分類

　あらためてブランド概念を整理してみると，まず Kotler，Aaker らの考察から，製品やサービス，もしくは企業名自体が，価値ある商標としてのブランド力を持つ．次に Ambler，Hatch－Schultz，片平，伊藤らの考察から，当該企業の良質な経営活動自体がコーポレート・ブランドとして顧客や対象市場の認知を受ける．両者は，同じく一般的に「ブランド」と呼ばれている事象でありながら「種別」が異なっている．

　Kotler，Aaker は，すでに価値のある商標としてブランド力を保持しているブランド（＝エクイティ型ブランド）を考察の対象としている．

　Kotler，Aaker らの指摘するタイプのブランド概念は，コーポレート・ブランドやプロダクト・ブランドに関わらず，暖簾として外部調達したブランドや，

当該企業が自前で生成し資産として独立したブランドも含め，市場のブランド認知が確立しているために，製品や企業経営自体からブランドを切り離したとしてもブランド力を保持することが可能となる，いわゆる「自立した商標としてのブランド」を所有し，それらを適材適所に市場に投入しながらブランド構築を行っている状態を指す.

　ブランド構築の例としてスイスの高級時計メーカー「オメガ」社が挙げられる.「オメガ」は，自社のブランド・エクイティを高めるため低価格時計メーカー「スウォッチ」や超高級時計メーカー「ブランパン」のブランドを，オメガが筆頭メーカーとして所属する企業グループ SMH 内で保持し，製造・販売させている. 日本製低価格高精度のクォーツ時計の世界的な台頭は，機械式時計における高精度技術の代名詞であった「オメガ」のブランド力を急速に衰退させることになった. そこでオメガの社長 Nicolas Hayek は，SMH の系列企業 ETA 社の協力を得ながら低価格なクォーツ時計製品を開発し，この製品に[3]「スウォッチ」という商標を付与し市場に投入した.「スウォッチ」は，従来のオメガの価格帯にはなかった低価格ラインの製品であり，オメガは経営戦略として低価格でありながら高精度を連想させる「メイドインスイス」と「ハイセンスなデザイン」というブランドイメージを「スウォッチ」に持たせ，腕時計のコモディティ化の進みを抑え，日本製の低価格で高精度なスポーツ時計に押されていたスイス時計の復権（オメガは，スイス時計産業の代表企業のうちの一社である）を果たした. 次に，オメガは当時自社が保有する高価格帯ブランドであった「ブランパン」のブランド使用権を，当時のオメガ副社長 Jean Claude Biver に買い取らせブランド再興を行った.「ブランパン」は，機械式時計の数千倍の精度を持つクォーツ時計が日本の時計メーカーによって開発・販売される以前から，スイスの超高精度な機械式腕時計メーカーとして知られ，高いブランド力を持っていた. しかし日本製クォーツ時計の台頭であえなく廃業するも，それでもかつてのプレミアムブランドということで商標だけがブランド・エクイティを持ったまま市場に残っていた. オメガは，経営実態がなく市

場に浮遊していた商標としての「ブランパン」のブランド・エクイティに着目し，オメガの下請けムーブメント製造会社に超高精度な機械式時計を開発させ，この製品に「ブランパン」のブランドを付与し市場に投入した．オメガが開発を指示し「ブランパン」の商標のついた腕時計は，オメガを含むグループ企業の高い機械式時計開発の技術力に支えられ，スイス製機械式時計全盛の時代にかつて持っていたプレミアムブランド時計としての「ブランパン」のブランド力を復活させ，同時に嗜好品としてスイス製機械式時計自体のプレミアム性をも高めたのである．機械式時計の名門であるオメガは，「ブランパン」のブランドを用いてあえて趣味性の高い機械式時計を超高精度化することで，実は安価な日本製クォーツ時計の数千分の1に満たない精度であるはずのスイス製機械式時計自体のステータスを高め，そこから「ブランパン」ブランドの超高精度な機械式時計の開発を行った「オメガ」のブランド・エクイティも，連鎖的に高めたのである．

このようにオメガは販売戦略として，「スウォッチ」の商標を自前でSMHグループ内に生み出し，オメガの顧客層とは全く異なる低価格帯の顧客層に対してブランド構築を行い，また経営実態がなく市場に浮遊していたプレミアムブランドである「ブランパン」の商標権を，オメガ副社長に買い取らせてオメガのブランディングの（コントロール）下に置き，オメガの顧客層とは異なる超高価格帯の顧客層に対して販売戦略としてブランド構築を行った．その結果，低価格帯から超高級価格帯に至る幅広い顧客層を囲い込み，かつスイス製腕時計全般のステータスも底上げし，日本製の高精度なスポーツ時計の台頭に対抗したのである［グッズプレス編集部特別編集 1998:10-17］．

このように商標自体にブランドイメージがすでに確立されており，経営戦略として企業経営がブランドを製品に付与して価値を高め，製品にブランドの持つイメージやアイデンティティを持たすことができる，自立した無形資産としてのブランド概念を「ブランドＡタイプ」とする（図3-3）．

一方，Ambler，Hatch−Schultz，片平，伊藤らの考察は，社会貢献や顧客

志向に基づいた企業経営に対して，当該企業の製品やサービスを通じて，顧客やサプライチェーン構成員がファンとなってブランド企業として認識される（＝ロイアルティ型ブランド）という見解である．Ambler，Hatch‐Schultz，片平，伊藤らのコーポレート・ブランド生成論は，当該企業が上述のような良質な企業経営を行うことで，当該企業をブランド企業と認識するファンの数が自然と増加し，さらに口コミ等で市場に伝達され，いつしか経営活動自体にブランド力が醸成され付帯される（＝ブランド醸成型生成）状態を指摘している．そのため，醸成されたコーポレート・ブランドは当該企業といわば「一心同体」の状態にあるといえる．

　例えば，自動車ディーラーを例に出せば，同じ車種を販売するディーラーでありながら，片や販売台数の多いディーラーや値引きをせずとも車が売れ続けるディーラーがある一方，常に販売実績が伸び悩んでいたり，多額の値引きをしなければ売買契約にこぎつけないようなディーラーも存在する．このような同じ自動車系列ディーラーでまったく同じ商品を販売しながらも成功したディーラーの場合は，常に顧客のニーズに沿った購入アドバイスを行っていたり，来店の顧客に対してどの従業員も笑顔を絶やさず応対をしたりする等，良質な販売活動の継続により，値引きや強引な販売をしなくとも，顧客が当該企業に対してロイアルティを抱いてファンとなり，自ら進んで当該企業で車を購入する．さらにファンは，自らの当該企業への強い関与だけでなく，口コミ等で自主的に当該企業の宣伝も行い，ファンの増加を熱心に後押しする．このようにしてファンの数が増加し当該企業に付帯することで，自然とコーポレート・ブランドが醸成されるのである．

　このようなブランド概念は，当該企業が倒産等で消滅すればブランドも消滅し，またブランドと企業経営が「一心同体」のため，ブランドを他社に譲渡することができない．このようなブランド概念を「ブランドBタイプ」とする（図3-2）．

呼称	ブランドAタイプ	ブランドBタイプ
種別	エクイティ型ブランド	ロイアルティ型ブランド
生成	ブランド構築	ブランド醸成
特徴	企業経営が自立した無形資産としてのブランドを製品に付け運用する. 企業経営が停止してもブランドは市場に残存する.	良質な企業経営に対しブランドが醸成され付帯する. 企業経営が停止すればブランドも消滅する. （一心同体）

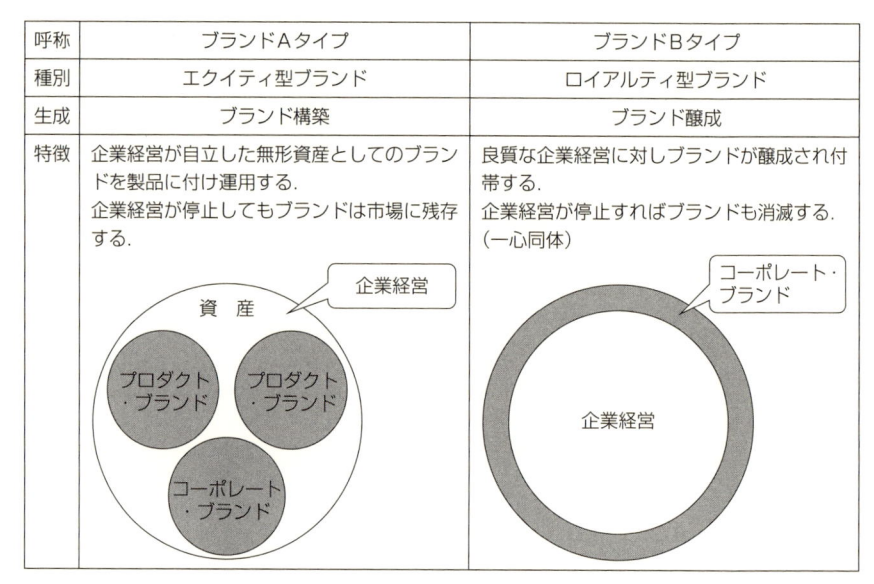

図 3-2　ブランド概念の質・生成方法の違い

(出所)　筆者作成.

2　ブランド概念のタイプ分類

　次に，ブランド概念の質や生成方法等において，混在するブランド論を体系化するため，先行研究をポジショニンググリッドを用いて全体像を捉え直すことにする．ブランド概念は，以下の2つに分類できる．

　1つ目はブランド論の先行研究から，ブランド概念を「種別」の観点から，ブランドが自立した商標として資産としての意味合いを持つ「エクイティ（Equity）型」と，当該企業の良質な経営により，顧客やサプライチェーン構成員がファンとなって当該商標や当該企業に対する親密性や信頼性が高まり，ブランド企業として認識される「ロイアルティ（Loyalty）型」に区別する分類である．

　2つ目にブランド生成の先行研究から，当該企業の「経営技法」として自社の製品または自社の企業名に対し，ブランドを主体的に付帯させ市場に投入す

る「ブランド構築型」と，顧客や対象市場が自然と自社の製品または自社の企業名にブランド想起を抱く「ブランド醸成型」とに区別する分類である．

　図3-3は，これら比較される2つの軸，縦軸＝「ブランドの種別の分類」（エクイティ型/ロイアルティ型），横軸＝「ブランドの生成方法の分類」（ブランド構築/ブランド生成）を，ポジショニンググリッドとしてタイプ分類したものである．タイプ分類から，ブランド概念は大まかに4つの象限に分類される（**図3-3**）．

　第1象限は，ブランド概念に関してはエクイティ型ブランドであり，ブランド生成に関してはブランド構築型となる．ブランドの種別・生成方法共に，「ブランドＡタイプ」である．先行研究でKotler, Aakerらが指摘する，当該ブランド自体が自立した状態でブランド力を持つ「価値のある商標」のブランド概念である．

　第2象限は，ブランド概念に関してはエクイティ型ブランドであり，ブランド生成に関してはブランド醸成型となる．**図3-2**内「ブランドＡタイプ」に見られる自立したブランドが考察の対象であるが，ブランド生成では石井［1999］

		ブランドの生成方法	
		醸成型	構築型
ブランドの種別	エクイティ型	第2象限	第1象限　ブランドＡタイプ
	ロイアルティ型	第4象限　ブランドＢタイプ	第3象限

図3-3　ブランド概念のタイプ分類

（出所）筆者作成.

の考察に見られるように，企業経営のドライブ力を借りずともブランド自体が自己生成という形で醸成される状態である．

　第3象限は，ブランド概念に関してはロイアルティ型ブランドであり，ブランド生成に関してはブランド構築型となる．このブランド概念は，一応ブランドの分類上象限として指摘されるものの，実際のブランドとしては存在しないと考えられる．なぜなら，企業経営と「一心同体」であるロイアルティ型のブランドは，企業経営から自立したブランド概念として存在することはできないからである．そのため，先行研究はない．

　第4象限は，ブランド概念に関してはロイアルティ型ブランドであり，ブランド生成に関してはブランド醸成型となる．ブランドの種別・生成方法共に，**図3-2**内「ブランドBタイプ」である．先行研究で Ambler, Hatch and Schultz，片平，伊藤らが指摘する，良質な企業経営自体がコーポレート・ブランドを醸成させるブランド概念である．そのため，企業経営が停止（＝倒産・廃業）すれば，生成されたコーポレート・ブランドも消滅する．企業経営とブランドが，いわゆる「一心同体」の状態にあるブランド概念である．

　以上をまとめ，**図3-3**の第1象限から第4象限のブランド象限に，「ブランドAタイプ」および「ブランドBタイプ」のブランド概念および，本章で考察した先行研究の論者を落とし込んだものが**図3-4**となる．

おわりに

　以上本章では，Kotler, Aaker, Keller，片平，石井，Ambler, Hatch-Schultz，伊藤らの一般的なブランド論の先行研究を行い，ブランド概念の体系化を行った．

　まず，先行研究から，ブランド概念として2つのブランド概念を導き出した．この2つの概念は，一般的に「ブランド」という同じ呼称で呼ばれているものの，その質や生成方法は異なっていた．次に，ブランド論の体系化を図るため，

		ブランドの生成方法	
		醸成型	構築型
ブランドの種別	エクイティ型	石井	ブランドＡタイプ Kotler Aaker
	ロイアルティ型	ブランドＢタイプ Ambler Hatch-Schultz 片平 伊藤	

図 3-4　ブランド論者のタイプ分類

（出所）　筆者作成.

再度先行研究を整理し，各ブランド論の体系化をポジショニンググリッドを用いて行った．最後に，本章で明らかとなったブランド概念および，本章で考察した先行研究の論者を落とし込んだ．

注
1) ブランドロゴを見るだけで，ブランド品が持つ特定の歴史や伝統，または革新性といったイメージを想起させること.
2) k_bird のインターネットブログによる指摘.
3) その当時のオメガ社の社長と当該グループ SMH の社長は，同一人物 Nicolas Hayek であった［グッズプレス編集部特別編集 1998：11］.

第 **4** 章

中小企業のコーポレート・ブランドの明確化

は じ め に

　本章は，第 2 章で研究目的として，問題提起された中小企業独自のコーポレート・ブランド概念（ニッチトップ型のコーポレート・ブランド/ 1 対 1 型のコーポレート・ブランド）を，第 3 章のブランド概念および本章の事例研究をもとに考察し，中小企業のコーポレート・ブランドの学術的な明確化を図る．

第 1 節　中小企業の 2 つのコーポレート・ブランド概念

　前章では，ブランド論の先行研究をまとめ，ブランド概念の体系化を行った．その結果，ブランド概念には大きく 2 つの種類があることが判明した． 1 つ目は，Kotler，Aaker らが指摘したブランド概念で，コーポレート・ブランドやプロダクト・ブランドに関わらず，ブランドが価値ある商標として自立した形で存在し（＝エクイティ型ブランド），企業経営がこの自立したブランドを主体的に市場に投入してブランド構築を行う（＝ブランド構築型生成）いわゆる経営資産としてのブランドであり，ここでは「ブランドＡタイプ」とする． 2 つ目は，Ambler，Hatch–Schultz，片平，伊藤らが指摘したブランド概念で，当該企業の良質な経営により顧客やサプライチェーンの構成員がファンとなってブランド企業として認識され（＝ロイヤルティ型ブランド），その結果経営活動自体にファンが増加し付帯される（＝ブランド醸成型生成），いわゆるブランドと企業経営が「一心同体」となるものであり，ここでは「ブランドＢタイプ」とする．

　これに対して，第 2 章で示唆された中小企業のコーポレート・ブランド概念も，上記のブランド概念と同様 2 つに大別されていた． 1 つ目は，近畿経済産業局が指摘したコーポレート・ブランド概念で，中小企業がニッチ市場でトップシェアを取ることでブランド想起率が上昇するという「ニッチトップ型のコーポレート・ブランド」である． 2 つ目は，四元，村尾，伊藤らが指摘したコ

ーポレート・ブランド概念で，当該中小企業の良質な日々の経営活動そのもの
が好意的なイメージとして顧客に直に伝達され，そこから顧客が中小企業との
日々の商取引により信用・信頼感を積み重ね，経営理念や企業の「想い」を転
化した製品・サービスに対して「ファン」となり，さらにファンが増えること
で中小企業にブランドが自然発生的に付帯されるという「1対1型のコーポレ
ート・ブランド」である．

　中小企業のコーポレート・ブランド概念で示唆された1つ目の「ニッチトッ
プ型のコーポレート・ブランド」は，ニッチ市場内でブランド想起率が上昇し
パワー・ブランド化することから，あくまでニッチ市場に限定されるものの，
当該ブランドは価値ある商標として自立した形で存在する．中小企業がニッチ
市場でトップシェアを取ると，「あの製品といえばこの企業」というように，
中小企業の企業名が経営から離れ，特定のイメージが人々の頭の中で連想され，
そこからシンボルとして想起された企業名がコーポレート・アイデンティティ
としてイメージされ，ニッチ市場内で企業名が企業経営から自立した商標とし
てのブランド構築がなされる．

　中小企業のブランド構築の例として，高性能ホイールを製造販売するタナベ
が挙げられる．

　現在タナベが所有し運用する「スピードスター」「SSR」ブランドとは，も
ともとスピードスターという中小企業が倒産する以前に使用していたスポーツ
カー用ホイールのブランド名である．スピードスターは，高い製造技術を駆使
して高性能アルミホイール市場（ニッチ市場）でニッチトップ型のコーポレー
ト・ブランドを確立していた．しかしホイール市場が市場縮小し，さらに市場
トレンドも変化して同社は債務超過で倒産した．

　スピードスターというコーポレート・ブランドやSSRホイールという商標
に着目したのが，タナベであった．同社は自動車改造パーツのメーカーとして
堅実な経営を行うものの，自前ではニッチトップ型のコーポレート・ブランド
の構築には至っていなかった．そこでタナベは，「スピードスター」の事業名

と商品ブランド「SSR」の商標権を同時に獲得し，同社のホイール事業のフラッグシップラインに使用し，自社の最高級製品の商標として使用し，ブランド構築に成功したのである．このようにタナベは，市場に漂う「スピードスター」「SSR」ブランドを手に入れたことで，ニッチトップ型のコーポレート・ブランド化を実現したのである[1]．

　この状態は，ブランド想起の点では一見，Aaker [1996:107] の指摘する大企業におけるブランド構築の効果と類似しているように見える．一見と述べた理由は，この説明では市場占有率がマクロかミクロかによって同じと解されるか異なると解されるかということを意味しているからである．筆者は同じであると考える．

　このようにニッチ市場でトップシェアを取った企業は，ニッチ市場の製品に興味を抱くほぼ全ての顧客からまず初めに想起され，コーポレート・ブランドの効果が期待される．ブランド想起率の上昇により，ニッチ市場内に限定されながらも中小企業の企業名が経営から離れ，コーポレート・ブランドのイメージを確立し自立したブランドを表出させることから「ブランドAタイプ」と同様のブランド概念と考えられる．

　2つ目の「1対1型のコーポレート・ブランド」は，当該中小企業の経営理念や企業の「想い」を転化した製品や良質な日々の経営活動によって，顧客が1対1の関係の中で直接ファンとなり，顧客にブランド企業と認識させること，およびファンの数がニッチ市場内で増加し，当該企業に付帯することで自然とコーポレート・ブランドが醸成されることから，ブランド概念はロイアルティ型ブランドであり，ブランド生成はブランド醸成型である「ブランドBタイプ」と同様のブランド概念と考えられる．

　このように，中小企業のコーポレート・ブランドは，一般的なブランド概念と同様に2つに大別できるものの，「ブランドAタイプ」と「ニッチトップ型のコーポレート・ブランド」の相違点は，「ニッチトップ型のコーポレート・ブランド」の出現が，市場がニッチ市場に限定されている点であり，同じく

		ブランドの生成方法	
		醸成型	構築型
ブランドの種別	エクイティ型		「ブランドAタイプ」に相当 ニッチトップ型の コーポレート・ブランド 近畿経済産業局
	ロイアルティ型	「ブランドBタイプ」に相当 1対1型の コーポレート・ブランド 四元 村尾 伊藤	

**図 4-1　中小企業のコーポレート・ブランド論者の
タイプ分類**

（出所）　筆者作成.

「ブランドBタイプ」と「1対1型のコーポレート・ブランド」の相違点も，「ブランドBタイプ」に比べ「1対1型のコーポレート・ブランド」はブランディングの対象数が極端に少ないことである．これらの事象から，第3章で考察されたブランド概念を「スケールダウン」したものが，中小企業のコーポレート・ブランド概念であると言うことができる．

　第3章で明らかになったブランド概念に，中小企業独自のコーポレート・ブランド概念と先行研究の論者の考察を落とし込むと図 4-1 のようになる．

第2節　中小企業のコーポレート・ブランド生成の事例

　本節は，図 4-1 で示された中小企業の2つのコーポレート・ブランドがどのように生成されるかを，事例研究を基に明らかにし，中小企業のコーポレート・ブランドの生成および進化について考察する．

（1）　株式会社サヤカ[2]

【本　　　社】	東京都大田区城南島 2-3-3
【設　　立】	1975 年
【資 本 金】	4800 万円
【売 上 高】	10 億 5000 万円（2000 年度）
【従 業 員】	38 人
【事業内容】	プリント基盤切断装置などの製造

　同社は，猿渡社長が勤めていた都内の機械部品商社が倒産し，仕入れ先の町工場の経営者達から「注文を取る会社が無くなっては困る」ということで，倒産した会社の機能を引き継ぐ形で 1975 年に操業した．1983 年に当時の顧客であった大企業が外注を部品調達から機械自体の設計・開発にシフトしたことから，その意向に合わせて製造業へと事業転換した．携帯電話普及の兆しが見える 1992 年に，他社に先駆け基盤切断装置の分野に進出し，現在の事業内容となった．

　同社は，創業時より顧客志向の製品づくりをこころがけており，長期的な視点から製品差異化を図り，顧客満足を徹底することで，ニッチトップ企業への進化に成功している．

　例えば，現在の基盤切断装置を開発する際には既存顧客を中心に約 1000 人のエンジニアにアンケートを実施し，顧客のニーズを細部にまで掘り下げた．「様々な形に切れる」「基盤にストレスがかからないよう，高速で切断できる」等，多岐にわたる顧客の要望を同社の技術力で克服することにより，その結果，ほとんどの顧客の要望に答える切断装置が完成した．これは，時には全社員で泊まり込みながら顧客ニーズを審議し，経営計画に取り込む同社独特の制度「全社員会議」に見られる徹底した顧客志向を貫く企業風土の成果でもある．このような顧客志向な地道な日々の努力の結果，同社はファンを獲得し「1 対 1 型のコーポレート・ブランド」を確立することとなった．

　また，同社は古くから「固有のマーケットと固有の技術を持つ」という企業

方針を打ち出していた．この企業方針は，中小企業のニッチトップ型パワー・ブランドの条件である「ニッチ市場でトップシェアを獲得する」ことにつながるものであった．同社の従来からの姿勢である顧客志向型の製品開発による地道なファンの獲得と，ニッチ市場に特化し同社固有の技術の確立が融合し，その結果，シェア60％というトップシェアを確保するなど，「ニッチトップ型のコーポレート・ブランド」の確立に至ったのである．

> 「株式会社サヤカ　コーポレート・ブランドの進化」
> 　長期的な顧客満足の徹底による製品差異化によって，１対１型のコーポレート・ブランドを確立．固有のマーケットと固有の技術を持つことでトップシェアを獲得し，ニッチトップ型のコーポレート・ブランド化を実現．

（2）　株式会社白鳳堂[3]

【本　　社】	広島県安芸郡熊野町 7062
【設　　立】	1974 年
【資 本 金】	5000 万円
【売 上 高】	15 億 1300 万円（1999 年度）
【従 業 員】	325 人
【事業内容】	化粧用ブラシの製造

　同社は，代々毛筆作りを手掛ける家庭に生まれた高木社長が，同地区の毛筆作りの大量生産による品質の低下への危機感から 1974 年に立ち上げた．同社は設立当時，主に２種類の業務を行っていた．１つは国内化粧品メーカーの請負製造であり，もう１つは同社オリジナルの高級絵筆や高級化粧筆の製造・販売である．これらの製品は，高本社長が高品質製品を希望する既存顧客の声を製品に反映させるために，試作品を製作しては改良を加えることを何度も繰り返すなど，地道な努力で品質を高めていった．

　同社製品の品質の決め手は，品質の悪い毛を徹底的に取り除き，職人でもある高本社長自ら一本一本微調整を加えて完成させる高品質への手間を惜しまな

い手作業にある．同社の製品は，品質の良さから地道にファンを獲得し，「1対1型のコーポレート・ブランド」を着実に確立させていった．

　その後1995年にハリウッド女優御用達ブランド「M・A・C」の社長に，同社の高級化粧筆を高本社長自ら営業したことで同社に転機が訪れた．「M・A・C」にその高い品質を認められるとOEM契約を獲得した．同社の高級化粧筆は，やがてその高品質でハリウッド女優達をもファンにすることとなり，ハリウッド関係者達から「お墨付き」を貰った同社は，米国内の化粧品市場で知名度を急上昇させた．ハリウッドというパワー・ブランドのお墨付きは，国内外の化粧品メーカーからのOEM契約を引き出すこととなった．その結果，同社は高級化粧筆市場での世界シェア50％超を獲得し，世界的な「ニッチトップ型のコーポレート・ブランド」を確立したのである．

「株式会社白鳳堂　コーポレート・ブランドの進化」
　毛筆一本一本を丁寧に仕上げ高品質製品の継続提供によって1対1型のコーポレート・ブランドを確立．自社製高品質製品に，ハリウッドのお墨付きが付帯しニッチトップ型のコーポレート・ブランド化を実現．

（3）　錦見鋳造株式会社[4]

【本　　　社】	三重県桑名郡木曽岬大字栄262	
【設　　　立】	1989年	
【資 本 金】	1000万円	
【売 上 高】	非公開	
【従 業 員】	7人（下請当時）	
【事業内容】	金属加工品の製造	

　もともと鋳造部品を製造する企業の協力会社であった同社は，バブル崩壊直後の価格破壊や請負契約を打ち切られたことから，会社存続の危機に直面した．この時，会社存続をかけ請負業からの脱却を図るべく自社製品開発に着手した．錦見社長は，不況の経験から自社で完結できる製品の重要性を感じており，こ

れまで培った鋳造技術をもとに他社を巻き込まずに作れる製品はないかと考えた末，元来食通であったこともありフライパン製造に着手した．製品開発の結果，1995 年に熱伝導に優れ焼きムラの無い薄型鋳物「魔法のフライパン」を完成させることができた．

　まず初めに，個人的なコネクションからホテルオークラで試験的に使用したところ，料理が断然美味しくなると評判になり，全国のホテルやレストランで使用されることとなった．その間も顧客の要望に耳を傾け，地道に製品改良を行った結果，同社は日本国内で特定顧客層（一部のプロのシェフ達）のファンを多く獲得し，「1 対 1 型のコーポレート・ブランド」を確立させた．さらに，一般家庭の顧客層もターゲットとするため，百貨店やＤＩＹ販社にも販路を拡張した結果，手作業では製造が追いつかなくなるほどの売れ行きを見せるニッチトップ企業へと成長を遂げた．ここでまず，国内で「ニッチトップ型のコーポレート・ブランド」を確立した．

　同社の高い製品技術に注目したのが，フランス最大手の調理器具メーカー「クリステル」であった．クリステルはフランスの調理器具市場で，世界シェア 50％以上を超える世界的なパワー・ブランドであるが，フライパンという特定製品群では製品開発力を持ち合わせていなかった．クリステルの社長が来日時に伊勢丹新宿店を訪れた時，「キッチン用品売上高の一割を占めるフライパン」としてニッチトップ企業であった同社を紹介され，その時点で同社の企業名と「魔法のフライパン」を周知していた同氏は，同社に目を付け OEM 生産を同社に持ち掛けた．同社はあくまで「錦見鋳造」の社名を出すことを条件に，2013 年業務提携を結ぶ．この業務提携によって同社は自動鋳造装置を導入し，量産体制を敷いた．その結果，同社は月産 3000 個となり量産体制以前の約 3 倍の生産を行う世界規模の「ニッチトップ型のコーポレート・ブランド」企業へと成長したのである．

> 「錦見鋳造株式会社　コーポレート・ブランドの進化」
> 　顧客の要望に応えるフライパン製造で1対1型のコーポレート・ブランドを確立．その後顧客層を広げ販路を拡大し，国内でニッチトップ型パワー・ブランド化する．さらに当該ブランドに海外大手メーカーが反応し業務提携が始まり，世界規模のニッチトップ型のコーポレート・ブランド化へと進化．

　事例研究の対象である中小企業3社に共通していることは，まず当該中小企業へのロイヤルティを持った特定の顧客からブランド企業として認知を受けるという極めて微視的なブランド力の醸成に始まり（＝1対1型のコーポレート・ブランド），その後ニッチ市場でトップシェアを獲得する等，事業規模の拡大によってブランド力がニッチ市場で強化され，一般的なブランド概念（「エクイティ型ブランド」）に近い形（＝ニッチトップ型のコーポレート・ブランド）にブランドの質を変化させている．すなわち，中小企業のブランド概念は時間とともにその質が変化するのである．

　このように，中小企業における「ニッチトップ型のコーポレート・ブランド」と「1対1型のコーポレート・ブランド」は互いに異なるブランド概念でありながら，他方顧客志向の経営努力による「1対1型のコーポレート・ブラ

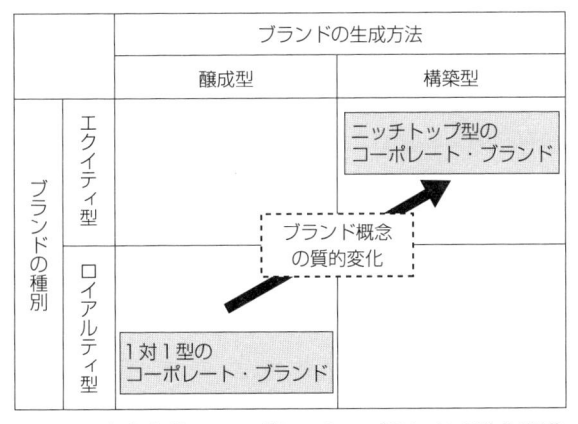

図4-2　中小企業のコーポレート・ブランドの進化段階

（出所）　筆者作成．

ンド」の確立が「ニッチトップ型のコーポレート・ブランド」生成の前提条件となるのであり「ブランド概念の進化」を指摘することができる．

　上述の事例研究をもとに，「ブランド論者のタイプ分類」（図3-4）に中小企業のコーポレート・ブランドの生成の特徴を当てはめると，図4-2のようなブランド進化（ブランド概念の質的変化）が現れる．

第3節　中小企業のコーポレート・ブランド概念

　本節で「１対１型のコーポレート・ブランド」と命名するブランドは，顧客が１対１の取引関係の中でファンとなることで生成されていく，中小企業のブランド生成の初頭に現れるブランド概念である．

　当該中小企業は信用・信頼の商取引の継続で顧客をファンにしていく[5]（図4-3）．それは，当該企業と顧客相互間で，伊藤［2011］の提唱するブランド要素（品質マネジメント：商品の品質マネジメント，経営そのものの品質マネジメント）［伊藤 2011:56］が，日々の経営行為の中で伝達されるものである．そこから顧客は，中小企業との日々の商取引において信用・信頼感を積み重ね（リレーションシップ・マーケティング），顧客の心の中に当該中小企業の経営自体に対して，ブランドイメージを想起させていく．その結果，１対１型のコーポレート・ブランドはビジネスの現場で顕在化され，値引きの回避（適正利潤の確保）や長期安定的な取引関係の構築という形で当該中小企業の経営を底支えしてゆく．このように「１対１型のコーポレート・ブランド」とは，中小企業独自のコーポレート・ブランドの基礎となるブランド概念である．

　この事象は，当該企業と顧客の相互間で形成される特性上，外部からの客観的な観察が極めて困難となることが予想される．

　上述の考察から１対１型のコーポレート・ブランドは，パワー・ブランドのような「ブランド力の有無」を問うブランド概念とは異なり，「ファン（＝ブランディングされた数）が当該企業にどのくらい付帯されるのか」という，ブランデ

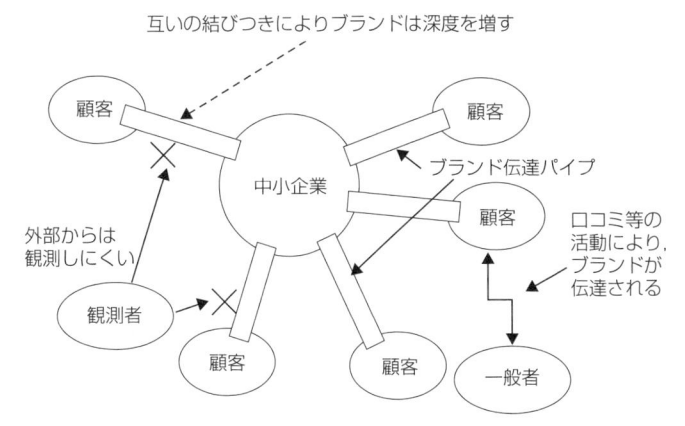

図 4-3　1 対 1 型のコーポレート・ブランド

（出所）　筆者作成.

ィング対象者の付帯数を問う中小企業ならではのブランド概念であるといえる.

　上記事例の中小企業 3 社は「1 対 1 型のコーポレート・ブランド」生成後,ニッチ市場でブランド力が強化されトップシェアを獲得し,「ニッチトップ型のコーポレート・ブランド」を生成させている.

　3 社のトップシェア獲得のきっかけは,それぞれ異なっている.サヤカの事例では,徹底して顧客ニーズに答える商品開発を行うことで地道にファンを獲得し,トップシェアを獲得した.白鳳堂の事例では,最高級の化粧筆を作り続けファンを獲得していたところ,ハリウッド女優達をもファンにし,それを契機に加速度的に高級化粧筆市場でトップシェアを獲得した.錦見鋳造も初めは,超高性能なフライパンを必要とする顧客に継続して提供することで地道にファンを獲得し,トップシェアを獲得したところ,フランス最大手の調理器具メーカー「クリステル」の目にとまり,業務提携により世界規模でのトップシェアを獲得した.

　しかしながら,トップシェアを獲得するに至るプロセスは,事例の 3 社に共通している.すなわち,日々の地道な顧客志向による企業活動を通じ,ニッチ市場で多くのファンを獲得していることである.運よく,または経営技法にみ

るようなブランディングのテクニックによってニッチトップ企業へと進化を遂げたのではなく，トップシェア獲得の準備段階として地道な企業努力の結果である「1対1型のコーポレート・ブランド」が，すでにニッチ市場で確立されていたのである．

　ニッチ市場でトップ企業となることで，中小企業のコーポレート・ブランドは強固なブランドへとその質を変貌させる．これが「ニッチトップ型のコーポレート・ブランド」である．このブランド概念は，中小企業がニッチ市場でトップシェアを取るとブランド想起率が上昇することに依拠しており，圧倒的なブランドインパクトを市場に与えるという意味で，主に大企業に見られる「パワー・ブランド」と，ブランド想起の点では類似する．ちなみに，事例の錦見鋳造がフランスの大企業クリステルと業務提携できたのは，当該ブランドの効果である．中小企業がニッチ市場でトップシェアを取ると，当該企業はニッチ市場の製品サービスに興味を抱くほぼ全ての顧客から，「あの商品・サービスといえばこの企業」という効果的なブランド効果を享受できる．「ニッチトップ型のコーポレート・ブランド」は，このようにシンボリックな存在としてニッチ市場内に顕在化され，圧倒的なブランドインパクトを当該（ニッチ）市場の顧客層全般に与えるのである．

　ニッチトップ企業のブランドは，このようにシンボリックな存在としてニッチ市場内に顕在化され我々の眼前にパワー・ブランド企業として出現し，圧倒的なブランドインパクトを当該（ニッチ）市場の顧客層全般に与える．中小企業がニッチ市場でトップシェアを取ると，当該企業はニッチ市場の製品サービスに興味を抱くほぼ全ての顧客からまず初めに想起され，「あの商品・サービスといえばこの企業」という効果的なブランド効果を享受できるのである．

おわりに

　以上本章では，第2章で示唆された中小企業独自のブランド概念である「ニ

ッチトップ型のコーポレート・ブランド」と「1対1型のコーポレート・ブランド」を，第3章のブランド概念および本章の事例研究をもとに考察した．考察から以下のことが明らかとなった．

「1対1型のコーポレート・ブランド」は，当該中小企業にロイアルティを持った特定の顧客からのみブランド企業の認知を受ける極めて微視的なブランドとして醸成され，当該企業を底支えしていく．その後当該中小企業の「1対1型のコーポレート・ブランド」が強化され，ニッチ市場でトップシェアを獲得する等，事業規模の拡大によってブランド力がより顕在化されることで，一般的なブランド概念であるエクイティ型ブランドに近似したブランド概念，「ニッチトップ型のコーポレート・ブランド」がニッチ市場内に表出するのである．

このように「1対1型のコーポレート・ブランド」は，中小企業独自のコーポレート・ブランドの基礎となるブランド概念であり，学術的に解明する必要性がある．

注

1)　タナベHP および『日経ベンチャー』（2005年4月号，pp. 148-51）参照.
2)　サヤカHP および『日経ビジネス』（2001年3月26日号，pp. 68-69）参照.
3)　白鳳堂HP および『日経ビジネス』（2009年5月18日号，pp. 58-59）および『日経ビジネス』（2000年3月6日号，pp. 62-63）参照.
4)　錦見鋳造HP および『朝日新聞』（2012年4月22日朝刊）およびチェリーテラスHP クリステルブランドサイトおよび日刊工業新聞HP，日本経済新聞HP 参照.
5)　伊藤［2011］，四元［2003］らの指摘による.

第 **5** 章

コーポレート・ブランドを醸成させる企業組織の役割

ブランド中小企業の事例研究

はじめに

　一般的にブランドとは，商品の付加価値や当該企業のマーケティング活動における商品イメージの確立のために，商品に付与されるものである．しかし前章までの考察から，コーポレート・ブランド概念，特に中小企業のコーポレート・ブランド概念として考案された「1対1型のコーポレート・ブランド」は，当該企業の日々の地道な顧客志向による経営活動によって特定市場内に醸成されることが分かった．

　これに則り，まずはプロダクト・ブランドの影響を受けにくい形でコーポレート・ブランドの醸成の要因を抽出するため，「産業財」の生産企業のコーポレート・ブランドの醸成の先行研究を整理し，コーポレート・ブランドの醸成と企業組織の関係を考察する．次に，上記の考察結果に基づきコーポレート・ブランドを醸成しトップシェアを獲得した中小企業を直接訪問し，コーポレート・ブランドの醸成の要因についてインタビュー形式の実態調査を行う．最後にこれら先行研究および実態調査から，中小企業のコーポレート・ブランド醸成を可能とする企業組織の役割を明らかにする．

第1節　産業財のコーポレート・ブランドの醸成と企業組織

　そもそも産業財は，消費財に比べ華の無い実利的商財である．そのため，従来のブランド論では産業財はそもそもブランド概念化される事がなく，学術的背景として，産業財はマーケティング論等においてブランド研究の考察対象となっていなかった．しかし，産業財マーケティングの研究者である Hutt and Speh［2004］は，産業財市場全般においてコーポレート・ブランドこそが価値ある財産であると捉えており，「産業財」生産企業にもコーポレート・ブランドの醸成によってブランド効果が期待できるという．Hutt and Speh［2004］は，

世界でもっとも評価の高いブランドの中には，コカ・コーラ社，マクドナルド社，ナイキ社などの消費財ブランドとともに，IBM 社やデル社，インテル社，ヒューレットパッカード社等の産業財を生産するハイテク企業も挙げることができると考えている［Hutt and Speh 2004:428］．つまり，ここでいう産業財の「ブランド」とはコーポレート・ブランドを指しており，Hutt and Speh は，コーポレート・ブランドが，産業財生産企業の経営活動において非常に有効であると示唆している．

またHutt and Speh［2004］は，上記で説明した産業財生産企業が，自社のコーポレート・ブランドを強化し企業イメージを向上させるといったいわゆるブランド管理を推進することは，自社が市場に与えた企業イメージ通りの経営活動を行うことを約束したことに等しく，ゆえに顧客への明確な価値提案を行うことであるという．そのため，当該企業は，市場に対してブランドイメージ通りの経営活動を行うという約束を果たさなくてはならなくなる．そのため，当該企業内の全ての部門にブランドイメージを理解することが求められ，このことが企業全体を統合する強い力を生むという［Hutt and Speh 2004:430-431］．また，当該企業の販売には，強力なコーポレート・ブランドは，昨今の目まぐるしい技術革新と不確実性の時代の中で，「顧客ニーズを理解する企業」とイメージを想起させることができるという．その結果，顧客は当該企業に信頼を寄せることになるというのである［Hutt and Speh 2004:430-431］．つまり産業財（ハイテク企業を含む）生産企業において，当該企業の組織が顧客ニーズを理解し顧客ニーズを満たす製品づくりをするであろうという「企業活動に対する顧客の期待感」が，顧客と当該企業とに信頼関係を生じさせ，忠実な顧客を生み出す．産業財企業がコーポレート・ブランドの醸成を行うためには，「企業組織」が重要な役割を果たすことになるのである．

Hutt and Speh［2004］による見解と同様に，高井・宮崎もコーポレート・ブランドの醸成と企業組織の関連を指摘する．高井・宮崎［2009］は，組織としてブランドを持つことは，当該企業のトップが当該企業のイメージとして市場

から認知されることと同じく，その組織を代表するものになるほど重要である
という．また，そのような組織としてのブランド構築には，社会やコミュニテ
ィに対する貢献活動，イノベーションの強化，顧客とのリレーションの強化，
イメージの形成など，経営の努力による全ステークホルダーとの間での組織連
想の醸成が必要となるという［高井・宮崎 2009:178］．そして，上述のような
「ブランド経営」を当該企業の組織が主体性をもって行うには，全従業員（特
に技術者）はもとより，サプライチェーン担当者，さらには顧客までもがそれ
ぞれの立場でブランド醸成の役割を果たすことが重要であるという［高井・宮
崎 2009:200］．すなわちブランド醸成とは，企業組織とステークホルダーの共
創によってなされるのである．

　しかしながら Mitchell によれば，企業はブランド醸成の最重要基盤である
企業組織を構成する「従業員」の存在を無視していることが多いと指摘する
［Mitchell 2002:157］．経営活動を生み出す従業員のコーポレート・ブランドに対
する思い入れがなければ，社外で当該企業のブランド醸成の役割を担うサプラ
イチェーン担当者や顧客の要望を見出し，それに応えるというサービスの改善
などできるはずもない［Mitchell 2002:157］．例えば，ブランドの発するメッセ
ージと従業員の想いがミスマッチを発生させてしまえば，従業員がブランドメ
ッセージを広告で市場に伝えようとしたところで効果を発揮することなどでき
ないのである［Mitchell 2002:166］．このような指摘から Mitchell は，コーポレ
ート・ブランドの醸成に必要な組織活動とは，従業員の顧客志向の感情と製
品・サービスの企画やコンセプトを一体化させることであり，当該企業のブラ
ンドが持つ顧客志向のメッセージを企業文化に深く浸透させることであるとい
う［Mitchell 2002:157］．この段階を経てはじめて当該企業はブランディングの
対象を，社内の従業員から，社外の立場からブランド醸成を担うサプライチェ
ーン担当者や顧客に移すことができるというのである．

　以上，ブランド概念から程遠い商材である産業財を例に，Hutt and Speh
［2004］や高井・宮崎［2009］のコーポレート・ブランドの醸成に対する見解を

見てきた．また，Mitchell［2002］のコーポレート・ブランド醸成と企業組織を形成する従業員の意識に関する見解を見た．これらの見解をまとめれば，次のようになる．コーポレート・ブランドの醸成は，当該企業の企業組織が日々行ってきた経営活動の実績に対する顧客の期待から生じるものである．この顧客の期待は，様々な良質な企業イメージ等によって顧客の中で連想され，当該企業のコーポレート・ブランドとして醸成させる．コーポレート・ブランドの醸成は，社会貢献活動や顧客志向の製品・サービス提供といった企業経営の諸活動が必要であるが，当該企業がこれらの経営活動を行うには，上述のようなブランド醸成のための経営活動を生み出す企業組織が必要となる．そのためには，まずブランディングの対象を社内の従業員に定め，従業員の顧客志向の感情と製品やサービスを一体化させ，当該企業のコーポレート・ブランドを企業文化として深く浸透させることが必要である．

第2節　ブランド中小企業の事例研究

　本節は，「中小企業のコーポレート・ブランドの醸成のための経営活動を生み出す企業組織が，どのような経営から生じるのか」について，コーポレート・ブランドを醸成しトップシェアを獲得した製品を製造する中小企業を直接訪問して，その要因を解明する[1]．

　事例研究を行うにあたり，特定市場でニッチトップ型パワー・ブランド企業として認知されているトップシェア製品を製造する中小企業3社を選択し，コーポレート・ブランドの醸成に至るプロセスとそれを可能にした経営組織の実態を，当該企業の経営者並びに広報担当者へのインタビューによって調査した．（当該企業内部の経営管理に関わる調査であることから，調査に協力頂いた3社の企業名が判別できないよう一部内容を変更し，企業名その他を伏せて表記している）

1　コーポレート・ブランド醸成企業の事例研究

（1）　Ａ　社——防じんマスク製造——

【本　　　社】	東京都
【創　　　業】	1940 年代
【設　　　立】	1960 年代
【資　本　金】	約 7 億円
【売　上　高】	約 83 億円（2018 年度）
【従　業　員】	237 名（2018 年 12 月）
【事業内容】	防じんマスク，防毒マスク，環境改善機器の製造・販売

① コーポレート・ブランド概要

　同社は，粉じん障害防止用「防じんマスク」で，1963 年からトップシェアを維持している．

　同社がトップシェアを獲得した要因は，同社が常に「使用する人の幸せを叶える商品づくり」という経営理念のもとに技術開発を行い，顧客満足度の高い製品を常に市場に提供し，堅実に市場シェアを伸ばしてきたことによる．

　同社は現在，全社員の約 3 分の 1 が研究員となっており，同社研究所，工場，本社開発部・マーケティング本部に分かれて所属している．全社員に対する研究員数が多いことからも，同社が技術開発によって成長してきた企業であることが分かる．同社の研究姿勢は，他社の後追い開発でなければどのような研究でも取り組むというものであり，これは「自由な発想と研究から想像以上の成果や関連が生まれる」という同社のモットーにも表れている．

　また，同社は研究開発後の試作品に対し必ず社内で研究発表会を開催し，市場に出す前に社内で徹底的に吟味する．同社の製品に対する吟味の基準は大きく 3 つあり，① 製品が社会貢献をするか，② 製品は研究開発に裏打ちされた高い技術で作成されているか，③ 製品は顧客のウォンツとマッチしているか，というものである．

　このように実際に製品を使用する顧客の立場に立った研究開発を徹底した結

果，粉じん障害防止用「防じんマスク」で市場シェア No.1 を獲得．同社は，ニッチトップ型のコーポレート・ブランドを醸成したのである．

② コーポレート・ブランドに至る要因

では，同社のコーポレート・ブランドはどのようにして醸成されていったのであろうか．

同社はモットーとして「マスクは労働者を守り，家族とその生活を守る」を掲げ，全従業員に定期的に開催される社内研修や製品開発に伴う社内発表会等を通じ徹底して浸透させている．従業員に対するこのような日々の啓発活動は，同社が売上や利益以上に，強い経営哲学を持つ企業であることを表している．実はこのモットーは，創業者の人間愛に満ちた防じんマスク製造の動機を，今に受け継いでいるものでもある．

同社の創業者は，戦後間もない時期の日本の安全に対する様々な方針にいたく感銘を受けている．戦前日本は，お国のために国民の命を戦争に差し出せと言っていたが，戦後は一転して，国民の健康を法律をつくって守っていくという姿勢に変わった．そして，偶然友人にドイツのスポンジ製の防じんマスク見せられた創業者は，日本の安全方針を支援する想いに駆られ，早速防じんマスクの開発を開始する．

創業者は，防じんマスクを開発し販売するうちに，これまでの現場作業の安全意識の欠如，なかでも目に見えないじん肺に対する危機意識の欠如が現場作業時の労使双方に欠如していたことへ危機感を募らせていく．この時の創業者の「想い」が，現在にも続く同社のモットーの原点となっている．

防じんマスクの開発当時，日本の大半の作業者がマスクを使用したことがなく，またじん肺が，粉じんを吸ってから発病まで長い期間かかる病気のため，病気等の症状を知らない作業者にとって，息苦しく感じるマスクをつけることは容易ではなかった．創業者は使命として全国の生産現場をまわり，時には作業者や管理者を叱りながら，いかに粉じんが恐ろしいか，なぜマスクが必要なのかを訴え続けた[2]．

　同社広報担当は,「創業者の, 人々の暮らしを支える意義の有る仕事をしたいという想いが, 今日も当社を支えている」と語る. 広報担当によれば, 同社はこの創業者の想いを現在の社員にまで確実に浸透させている. 1981 年に現会長が同社の 2 代目社長に就任した際,「クリーン, ヘルス, セーフティの提供」という企業理念を定めた. これは, 2 代目社長が「私達は作業者の健康を守ることのお手伝いをするのが仕事で, マスクを売ることはその手段の 1 つに過ぎない. マスクを売るのが当社の目的ではない. クリーン, ヘルス, セーフティを提供するのが当社の目的である」という同社の創業の精神を, 企業文化として引き継ぎ定着させようとして制定したものである.

　この経営理念のもと, 現在保有する知的財産権は国内外あわせて約 300 件, そこから生まれた自社ブランドの製品は約 2000 種類にもおよび, さらに年間 80 ほどの新しいアイデアが発表され, 次々と新しい製品が生まれている[3]. 同社の商品ラインナップには, ロングセラー商品も多くあり, これは「当社製品を手にしたお客様がリピーターとなり, 継続的に我が社の製品を求めてくださるのでしょう」と言う. このような創業時の徹底した顧客志向の経営理念が終始貫かれて, 今の同社の企業組織の特徴となっている.

　広報担当は, このような同社の「意義の有る仕事をしたい」いう企業の経営姿勢に共鳴する人達からの入社希望が後を絶たないという. そして, 同社への入社希望者は皆「人のために役立ちたい」と切望しており, 今まで同社と新入社員との間で, 同社の経営理念に対する意識のミスマッチはほとんどないという.

　この創業時の徹底した顧客志向の「想い」を伝える同社の組織風土は, どのように育まれていったのであろうか. 同社は「ガラス張りでオープン」な組織風土を貫き通し, 企業組織の運営は社内の権力者による個人的な指示命令系統を排除し, その代わりに従業員の行動規範として独自の人事管理制度を作成し徹底させているという.

　A社の社名には,「人が真似をすることができない技術開発を行っていく」ことを企業の行動指針として起業した創業者の想いが込められている. 同社は,

この想いを企業文化として伝えていくために大切な事は人材育成であるという考えのもと，1人ひとりが能力を発揮し生きがいを持って働ける組織作りを行うため，1995年に新しい人事管理制度を導入した．

　この人事管理制度は，3つの評価基準からなり，業務実績，専門能力，管理能力のそれぞれを独立して評価するようになっている．例えば，一般的な従業員の評価方法では一方の評価基準が満点で，他方が0点の場合，平均にすると50点になってしまう．しかし同社の評価基準は，この100点の能力に着目し，それを積極的に評価するというものである．またこの評価制度は，業務実績しか高い評価がなく他の評価が低い社員でも，理事まで昇格でき，同様に専門能力と業務実績が低くても管理能力が優れていれば執行役員まで昇進できるというものである．一般的な企業の人事考課では「個性が強すぎて協調性がない」としてマイナス評価を受けてしまいがちな人も，同社では専門能力が優れていれば，この制度に準じてマイスターの称号が与えられ給与も高くなる．

　このようにこれらの仕組みを有する同社には，管理職・技術員・販売員のどれが偉いか，どれが上級職なのか，といった価値判断基準は無い．同社は人事管理という面で，人はオールマイティで全てに秀でた「スーパーマン」はいないという見方を持っており，対象となる従業員が，どの職種に向いているかで人事異動が発令される．広報担当によれば，「このような自社のリベラルで合理的な人事管理は，すべて社員の持てる力を引き出すことを目的に行っている」という．

　同社の，個性を伸ばしその持てる能力を最大限発揮させるというこの人事管理制度は，同社の創業時の想いが込められている経営理念によって社会貢献や顧客志向へと舵取りされ，従業員の個性が善に向かう組織風土となり，同社が社会貢献や顧客志向へと推進していく力となるのである．同社広報担当は，これらの一連の組織活動は，最終的には同社の繁栄と同社従業員の幸福との両立を目指しているという．このような経営活動によって，従業員は，上司や経営者のためと言うよりも，同社のモットーに沿った「社会のためにどのような仕

事を行えばよいか」という社会性を伴った意識の転換が自然となされ，社会性に富んだ顧客志向の製品を生み，それが同社のファンを醸成しコーポレート・ブランドの醸成となったのである．

（2）　B　社——医療用特殊センサー——

【本　　社】	東京都
【設　　立】	1970 年頃
【資 本 金】	約 1000 万円
【売 上 高】	約 25 億円 (2015 年度)
【従 業 員】	約 30 名 (2018 年 7 月)
【事業内容】	医療用センサーの製造・販売

① コーポレート・ブランド概要

同社は，医療用特殊センサーでトップシェアを占めている．

現在，同社は営業部門会社と製造部門会社にグループ企業として分社化しており，同社は営業部門会社として存在している．同社はＢ社グループの窓口となって営業活動を行い，受注製品の製造を製造部門のグループ企業が製造する．このグループ化に対して同社広報の担当者は，「完全な分業体制は，顧客ニーズを徹底して調査し，何を製品開発すればよいかを明らかにし，顧客の製品やサービスに対する不満を明確化し，アフターサービスの充実を図るという営業部門と，営業から依頼された製品に特化し，開発や改良に専念する開発部門とがうまく分離してそれぞれの部門が専門性をもって機能しており，企業経営として非常にベストな状態になっている」という．このような分業体制によって自社独自開発の商品を多数ラインナップすることとなった同社（以下グループ企業を含む）は，現在発注元の大手メーカーからも OEM 供給を依頼されるほどに製品開発力が高まっている．同社は，この開発の成功により，脱下請を図ることができたのである．

グループ内の分業体制で得意分野を先鋭させた同社は，持ち前の高い技術力

と手厚いアフターサービスの営業力を駆使し，トップシェアを維持している．

　② コーポレート・ブランドに至る要因

　同社のコーポレート・ブランドは，どのようにして醸成されていったのであろうか．

　同社役員は同社のコーポレート・ブランドの醸成に関して，「当社には，顧客の希望するイメージとニーズを常に念頭に置く社風がある」と説明した上で，「中国でB社ブランドのコピー品が頻繁に出回っているが，当社のアフターサービスまでコピーされることはなく，これが当社のブランド力になっている」という．これは同社の製品が，製品そのものと製品に付随される手厚いアフターサービスが一体となった「パッケージ製品」として顧客に認知されているからである．同社製品の故障や緊急対応が必要になった時，代理店を介さずに顧客に直接サポートを行う同社では，対顧客に1人の担当者が問題解決までサポートを行い，問題解決後はトラブル防止のためにヒアリングを継続する．このような手厚いアフターサービスによって同社製品を使用する顧客は，製品に対する安心感と同社に対する信頼感を抱くようになる．そしてアフターサービスから生じた数々のデータは，故障や緊急対応の情報を製品開発に活かすように社内で徹底して協議を行い，問題点を分析して次回の製品開発に活かされており，これが顧客志向型の製品開発の原資になっているのである．

　同社役員は，上記のように顧客志向を貫く同社の経営スタイルが顧客との間に信頼関係を育み，強固に同社の製品の付加価値を高めているという．これは，たとえコピー商品が市場に出回ろうとも，同社以外には作ることのできない同社固有の経営資産であり，それを生み出した背景には，同社の従業員が製品開発や営業活動の中で手厚いアフターサービスが重要であることを常に認識し，全従業員一丸となって主体的に取り組んだことによるものである．

　同社の開発した製品の多くは日常の人々の暮らしを助ける，いわゆる「かゆいところに手が届く」という製品特性を持っているが，これは同社の経営理念に掲げられている「豊かで安全な暮しの実現」とも符合するものである．この

ことについて同社役員に尋ねてみたところ，「研修や社員教育で，経営理念や経営方針について教育活動を行うことはよくある」ということであり，また経営理念と商品開発の関係性については，「社員達が自然とそのような意識を持って職務にあたっているのではないか」ということであった．従業員の日々の職務（同社固有のアフターサービスや社会貢献性を持った製品開発等）において，経営理念が自然と行動規範となっているのである．

　同社の製品開発は，従業員の日々の業務中のひらめきやアフターサービスの現場での顧客からの要望が基礎になっているということであったが，トップシェアを維持するほどの同社の製品開発力は，積極的に従業員の想いに耳を傾け，営業現場で必要とされている製品を生み出そうとする同社の組織風土に依拠している．そしてこのことは，同社の社内提案制度においても表れていた．同社の社内提案制度は，誰でもいつでも提案できる仕組みとなっており，提案が評価されれば金一封が支給されることになっている．しかし，同社のこの提案制度がユニークなのは，たとえ採用されなくても，従業員の提案の努力を認め金一封（寸志）を支給することもあるという．実態調査の中である社員は，「商品化という目標もさることながら，懸命に提案したその努力を認められているという会社の気持ちに対し，嬉しさを感じる」と返答していた．このように同社は，従業員の職務に対する想いをしっかりと汲み取ることで，経営理念に基づいた行動を促すために必要な，高い従業員満足度が維持されるのである．

　また同社は，「人や社会を大切にする企業であるためには，従業員やその家族も大切にしなければならない」という経営哲学を持っており，そこから経営方針を「顧客の満足度を充実させ，社員の豊かな生活を計る」こととし，経営理念と並ぶ経営行動の指針とした．この同社の行動指針による経営管理の成果は，同社従業員への聞き取り調査においても確認された．同社の従業員からは「社内はいつも家族のようなアットホームな雰囲気に包まれている」という意見や，「頑張っている仕事が社会のために役立つことが嬉しい」といった意見が目立っていたのである．その他にも同社は「A社グループは技術集団であ

る」というスローガンを実現するため，職場の雰囲気を大学の研究室のような雰囲気にしているというが，これらのことに関して，同社役員は「ゆったりとした良質で家族的な職場の雰囲気があってこそ，社員は良質な製品を生み出すことができる」として，同社は積極的に従業員の満足度を高めることに努めているという．その結果，従業員は同社に高いロイアルティを持つようになり，それが同社のアフターサービスに表される顧客志向の組織風土に相まって，主体的に社会貢献志向や顧客志向に向かう意識を喚起することになるのである．

　同社の経営行動が，常に社会性を持った製品の開発や顧客重視の手厚いアフターサービスを実践する方向に向かう背景には，社会貢献を実践するという経営理念の存在と，また従業員満足度を高め，経営理念を従業員の職務の指針とさせる組織風土が存在している．同社は，このような組織風土によって社会貢献志向や顧客志向をもった製品やアフターサービスを常に市場に提供し，その恩恵がすべて同社の顧客へと還元され，そこから同社のファンを生み製品を購入するという連関作用が形成されているのである．

（3）　C　社——高級商品陳列ケース——

【本　　　社】	福岡県
【設　　　立】	1970 年代
【資　本　金】	約 2000 万
【売　上　高】	約 13 億円（2002 年度）
【従　業　員】	約 90 名（2018 年 7 月）
【事業内容】	高級商品陳列ケースの製造・販売

① コーポレート・ブランド概要

　同社は，高級商品陳列ケースでトップシェアとなっている．同社製品はどれも大手メーカーの製品に比べ価格が割高であるが，価格以外の要素でトップシェアを維持している．

　同社の製品のはとんどを受注生産している．ライバル企業の大手メーカーが

製造ラインで製作するのに対し，同社製品は顧客の要望を詳細に聞き，オーダーを受けてから生産する．高級商品陳列ケースは，お店の備品でありながら同時に，時としてお店の「顔」ともなることもある．そのため，顧客がお店の「顔」として頭の中でイメージする外観や寸法等を再現する技術が求められる．当然フルオーダーとなれば，顧客の要望も多岐にわたる．同社製造部長によれば「製造ラインでの製作では，顧客の真の要望通りの製品を製作することは困難であり，そのため全国から当社に製造依頼がくる」という．オーダーメードのきめ細やかな製品作りが，トップシェアの要因となっている．

　② コーポレート・ブランドに至る要因

　同社のコーポレート・ブランドは，どのようにして醸成されていったのであろうか．

　同社の創業のきっかけは，他業界で仕事をしていた初代社長が新設計の商品陳列ケースを開発したことに始まる．この商品陳列ケースを販売するとすぐに全国で評判となり，同社は製品開発に専念するためすぐさま代理店を募った．この時に，数社の大中規模の電気メーカーが名乗りをあげ，今も代理店契約が続いている．

　同社の販売スタイルは，代理店からオーダーを受けてから初めて製造を開始するが，その際，同社は基本的に無理難題を断らない姿勢を貫いており，同社の販売スタイルの特徴として市場の認知を得ている．創業以来，どのようなオーダーであろうとも外注に製作を依頼したり，他社と共同で作成したりするといったことは行わず，必ず自社内で製品化してきたのである．この製造スタイルについて同社製造部長は「顧客からは厚い信頼を得ることになり，従業員にとっては高い技術教育になった」という．同社の「どの様な顧客からの要望にも自社内で製品化する」という経営方針は，代理店にとってもなによりの安心材料となった．同社が，この経営方針を頑なに守った製品開発を行ったことで，同社の代理店も安心して顧客から様々な注文を受けることができた．自社保有の技術が高まると同時に顧客数は増えて行き，ニッチトップ企業として市場の

認知を受けるまでにあまり時間はかからなかったそうである．同社の場合，「どのようなオーダーも断らずに受注し自社内で製品化する」という明確な企業のイメージが顧客，代理店，双方に浸透していったことで，シェアを拡大するに伴いコーポレート・ブランドが自然と醸成されていったのである．

　同社は，代理店からオーダーが入ると，1人の従業員が最後まで責任を持って製造するという方針を取っている．これは製品に不具合があると即座に製造担当者個人を追跡できるので，従業員は責任を持って仕上げることになり，また良い製品を継続して製造する従業員が，客観的に評価される仕組みにもなっている．同社製造部長は，従業員がこの仕組みによって，顧客を意識した製品製作を行うようになり，顧客志向を主体的に志向する企業集団が出来上がったという．さらに同社製造部長は，このような顧客志向型の組織が出来上がった背景には，経営者が従業員の持っている職人気質や匠の心を信じて仕事内容にあまり口出しをせず現場に権限を委譲していったことで，各々の従業員が自ら技術志向を強め，従業員同士が互いに製品改良の技術や顧客ニーズの深堀の技法を研鑽する組織文化が形成されたことが，大きな要因となったようだという．この組織文化が，同社の従業員のオーダー製作に対するモチベーションを引き出し，同社製品の付加価値を高めているのである．

　同社は，最盛期に商品陳列ケースを月産約 1000 台のペースで製作した．現在は月産約 300 台となっているが，それでも同社製造部長は「ライバルは数で勝負する．当社は顧客満足度を高める自社技術で勝負している」として，従業員達の付加価値を生み出すポテンシャルを信じ，オーダーメードの方針を転換するつもりはないという．現在の売り上げも，持ち前の技術力を駆使してより高単価の商品を提供するようになったため，客単価が上昇し，最盛期とさほど変化していないという．

　同社は，従業員のオーダー製作に対するモチベーションを引き出すことで，顧客の要望を必ず製品化することを組織文化にまで昇華させることができ，顧客と代理店双方への信頼関係を構築し，高品質な製品製造の企業としてコーポ

レート・ブランドを醸成させたのである.

2　中小企業に共通したブランド醸成要因

　以上, ニッチトップ型パワー・ブランド企業 3 社に対する実態調査を行った結果, 企業組織の視点よりコーポレート・ブランドの醸成の要因を考察すれば, これら企業 3 社には, 創業者の製品開発や起業時の想いから作られた社会貢献志向や顧客志向の非常に強い経営理念や経営方針があり, 従業員教育や経営者による日常業務の関わりから, これらの理念や方針が従業員へ伝達され, 企業活動の方向性を決定づけている. よって製造された製品は, 当顧客にとって「なくてはならない」存在となり, 当該企業のファンを生んでいる.

　また, これら企業は性善説に基づいた経営管理を行っており, このことは製品開発を含む従業員の日常業務に対して, 発想の自由を保証し, 心の開放を促し, さらに従業員や経営者は社会性や道徳心が刺激され, それらを意識した「想い」が企業内に生じている. そしてこの「想い」を具現化した製品は, 市場や顧客の共感を生んでいる. 事例 3 社に共通する経営特性は, このような連環作用から生じたものといえる.

　① 事例 1

　A社は, 創業者の社会貢献に対する想いを経営理念に掲げ, 全社を挙げて「社会のために役立つ製品作り」を徹底して行っている. この創業者から引き継がれる社会貢献志向の組織風土と従業員の個性を伸ばす人事管理制度が掛け合わされ, その結果全従業員の「想い」が社会貢献の方向へと促され, 顧客志向の製品を生み, この「想い」を具現化した製品に対して顧客がファンとなっている.

　② 事例 2

　B社は, 顧客へのアフターサービスを充実させることによって高い顧客満足度を維持するという経営理念が, 従業員の顧客志向意識を育み, 企業組織を活性化させている. また従業員を大切にするという経営方針が, 同社に対し高い

ロイアルティを抱く従業員を育み，その従業員が今度は同社の顧客に対し手厚いアフターサービスを充実させるという，「人を大切にする」ことにより連環作用を生み，ファンを醸成している.

③ 事例3

C社は，社長の「想い」である「顧客の要望を全て受け製品化する」という経営方針を基にした経営管理を継続して行っており，そこから従業員の意識が顧客志向に転換されている．そして経営陣による職人の技と気質を信頼し，その能力を伸ばしていこうとする人事管理が，無理な注文にも対応しようとする同社の高い技術志向の従業員を育み，同社の経営方針と相まって高付加価値製品を生み，ファンを醸成している.

これらのことから，コーポレート・ブランドを醸成した中小企業の企業組織は，「社会貢献や顧客志向を重要視する組織風土」が存在する．また従業員を大切にして個性を尊重する組織風土が高い従業員満足度を生み，モラールやロイアルティを上げていることを指摘することができる．従業員は，「社会貢献志向や顧客志向の非常に強い経営理念」と「従業員を尊重しその持てる能力を発揮させようとする人事管理」によって徳性へと志向する高いモラールが生じ意識の転換が図られ，この従業員の意識が社会貢献志向や顧客志向の製品を生み出す，という，連環作用を生み出しているのである（図5-1）.

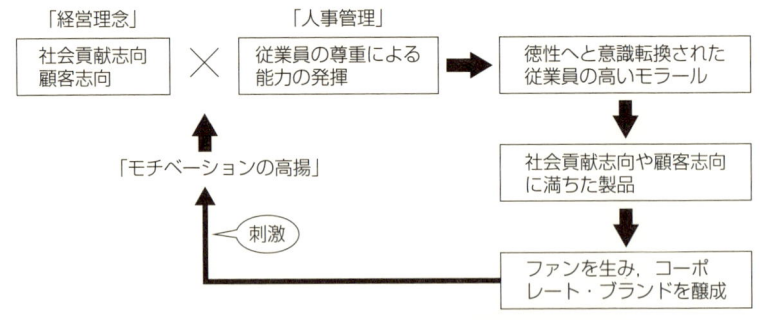

図5-1　コーポレート・ブランド醸成の連環作用

（出所）筆者作成.

お わ り に

　以上本章では，ブランドを醸成させた中小企業に対して事例研究を行い，コーポレート・ブランドを醸成させる企業の組織内部の構造について考察を行った．

　中小企業のコーポレート・ブランドを醸成するには，社会貢献や顧客を重要視する組織風土と，従業員を尊重し能力を発揮させようとする人事管理が存在し，さらに加えて，従業員の意識を転換させる動機が企業組織に内包されていなければならないのである．

注

1)　中小企業の先行研究は，一般に経済学的視点と経営学的視点の 2 種類の視点から報告されている．　本章では「企業組織がブランド生成を可能とすること」に言及するため，事例研究は，経済学的視点によく用いられる定量的なデータ分析ではなく，個別企業へのインタビュー調査という経営学的視点からアプローチすることにした．ちなみに，中小企業を 1 社選択し，インタビュー調査の手法で「中小企業の経営理念」を研究したものに，瀬戸 [2012] がある．

2)　A 社 HP 参照．

3)　A 社 HP 参照．

4)　A 社 HP 参照．

第 6 章

中小企業における経営理念のあり方と従業員への浸透

はじめに

　本章は，中小企業に共通したブランド醸成の連環作用の要素である「社会貢献志向や顧客志向の強い経営理念」に焦点を絞り，このような特性をもつ経営理念とはいかなるものか，また，経営理念の従業員への浸透はどのようにすべきかについて，先行研究をもとに考察する．

第 1 節　経営理念とはなにか

　経営理念とは「経営目的であり，自社の存在理由を明文化したもの」[青木 2008:43] と解されており，基本的には「だれのために，何のために，自社は存在するのか」という問いに対する明確な解となるもの [青木 2008:36] でなくてはならない．

　青木 [2008] は，経営者がどんなにすばらしい経営理念を掲げても，全従業員にその想いが浸透していかなければ，経営理念策定の効力はないという．経営理念は，例えば社長室に掲げられている額縁の中の美辞麗句ではなく，従業員を結束させ社外の関係者に対しても影響を及ぼすいわゆる「生きた言葉」だからである．経営理念は経営目的であり，自社の存在理由を明文化したものであるため，経営者自身が良いと思った経営理念を組織の理念として，企業活動に落とし込み実践することが肝要となる [青木 2008:43]．

　その上で，経営理念策定の条件として，青木 [2008] は，経営理念の内容が 3 つの条件を満たしていなければならないという（**表6-1**）．

　青木は，これらの条件を満たした経営理念が，当該企業の組織の歴史や経営のあり方，経営上の成功事例や失敗事例等と絡み合うことで，企業文化を生み出すという [青木 2008:46]．

　赤石 [2001] は，経営理念の効用には次の 2 つの側面があるという．1 つ目

表6-1 経営理念策定の条件

1.「企業の存在意義・あり方を示している」 　　これは経営理念が，全従業員の求心力の核となるものでなければならないということである．
2.「企業の行動基準・判断の基準を明示している」 　　これは，経営理念に自社の経営に際する行動基準や判断基準が明示されていなければ，経営理念は観念的な言葉の羅列になってしまい，求心力をもたなくなるからである．
3.「本質的・長期的・客観的な視点に立っている」 　　経営理念にこのような視点がなければ，従業員が経営理念に共感することができず，当該企業の経営の方向性と従業員の方向性を一致させることができなくなるからである．

(出所) 青木 [2008:45-46].

は，企業の中で，目的，考え方，日常的な姿勢などを共有することによって，その求心力で社内の団結を強め，より強いエネルギーを作り出す[赤石 2001:16] という企業内部への効用の側面である．2つ目は，経営理念が内部の活力を作り出した後，そこから顧客である消費者・仕入れ先・協力会社など，さらにはより幅広い地域へ共通の「想いや認識」のエネルギーが浸透していき，当該企業に対する消費者・仕入れ先・協力会社等を含んだ地域社会の強い認知を受ける[赤石 2001:22-23:86] という企業外部への効用の側面である．その上で赤石 [2001] は，経営理念の「内容」について言及し，企業は社会的存在であり，その存在が許される前提条件は社会貢献であると指摘する．そのことを考慮すれば，経営理念は社会に受け入れられる内容である必要があるという [赤石 2001:57].

　すなわち経営理念は，当該企業の存在理由を明文化し，行動や判断の基準を明示するものである．また，日々の企業活動と絡み合い企業文化を生み出すものである．そのため経営理念は，当該企業の組織内部では強力な求心力を作り出し，外部には当該企業のステークホルダーを含む地域社会からの広い認知を受けることになる．それゆえ経営理念の内容は，当該企業を中小企業のブランド醸成要素である社会貢献志向や顧客志向の方向性へと導き，当該企業と地域社会が共生を図るものである必要がある．

第2節　経営理念の社会貢献志向・顧客志向

では，社会貢献志向や顧客志向の経営とは，どのようなものか．

坂本［2008:6］は，6000社を超える中小企業の実態調査研究を通じ，真に世のため人のためになる経営に懸命に取り組んでいる企業を「価値ある企業」としている．坂本は，「企業とは従業員やその家族，顧客や地域社会など，その企業に直接係わるすべての人々のものなのである」［坂本 2008:18］という．さらに従来の経営学の多くに見られた経営技術（テクニック）に疑問を投げかけ，研究開発力や生産力，販売力などの経営管理力よりも，社会の公器としての責任と使命を意識した行動こそが正しい経営の実践であり，市場や従業員のコンセンサスを得られるとしている［坂本 2008:18-42］[1]．

青木［2008］も，中小企業経営者は特別な経営手法を用いることなく，「理にかなった経営」として人を大切にする経営活動を行うべきだという．すなわち，社会が求めるモノづくりをするための仕入れを行い，そこから良質な商品・サービスを作り出し，良い人材を採用し，顧客の立場に立てる人材に育成する，という日々の経営活動である．ここから育成された人材が，今度は上述の日々の経営活動を通して新たな価値を創造し，さらに顧客や社会が求める商品・サービスを提供する［青木 2008:164］．このように，顧客を想う社会性を意識した経営のパターンを日々繰り返すことで，企業価値は高まっていくのである．青木は，このような「理にかなった経営」を行うために経営者に必要なものは，「企業というものは社会に育てられている」という自覚だという．経営というものは，経営者の心の在り方や，意識の持ち方によって変わるものであり，だからこそ社会貢献志向や顧客志向の経営理念を掲げ，社内外のステークホルダーに対し経営理念の実践を約束する必要がある［青木 2008:163-164］．

このように当該企業の経営行動を「徳性」を持った行動に方向付けするものが，経営理念なのである．

第3節　経営理念の策定

　このように経営理念が，企業経営の行く末を左右するほどの影響力を持つならば，どのようにして経営理念を策定すればよいのか．

　堺屋 [1993] は，経営理念とは「どんな会社になりたいか」という企業の理想像であり，経営理念の策定はこのことを経営者自身が忠実に表現すればよいという．しかしながら堺屋は，人は子供のころから，本当にしたいことから目をそらすように教育されており，自分が本当にしたいことが分からない哀しさがあるという [堺屋 1993:317]．例えば子供が膝をすりむいた時，子供が本当にしたいことは膝の痛みを除くことであるが，母親は口の甘味で痛みを忘れよと飴玉を与えて泣き止むようにする．また，学校に通うようになれば，みんなと同じ回答をしなければ，叱られたり，成績が悪くなったりする．このような繰り返しの中で，人間は自分が本当にしたいことを見失い，「有利」と教えられたことを「好き」と勘違いするようになる．これらのことから，同じく人間集団としての企業組織でも，本当にしたいことから目をそらして，世間の評判や風潮にのめり込んでしまい，経営者自身が心の中で理想とする企業像が浮かばなくなるという [堺屋 1993:317-318]．よって堺屋 [1993] は，「本当にどんな会社になりたいか」という究極の理想像を考えることから経営理念の策定を始めなければならないとする．

　なるほど常識や風潮にとらわれず，経営者の思い描く理想像に従って，経営者が心から行いたい企業をイメージし，経営理念が策定されるというのはたしかに理にかなっている．しかしながら，上述の堺屋 [1993] の指摘は，すでに市場を変革する影響力を持ち，豊富な経営資源に比較的恵まれているであろう大企業や中堅企業が経営方針に苦心している場合を想定した指摘であって，本書で対象とする，経営資源に乏しく，市場での競争力や影響力が小さい多くの中小企業が，経営理念の策定を「理想の自社像」のみに依拠することは難しい．

　そもそも中小企業の経営とは，今日明日を生きるために労働を行い，商売を続ける経営集団であることを忘れてはならない．一般に中小企業の経営が，大企業と大企業のビジネスチャンスの隙間（ニッチ市場）を常に模索せざるをえない形となるのは，大企業が新しいビジネスを創造する，いわゆる「資本力を使う経済性」とは違った，その日その日の「日銭」の回収に多くを費やさざるをえないからである．ここに，一般的な中小企業論でいわれる「経済の二重構造」[柿野 1987:60] 問題の本質がある．中小企業のおかれている経営環境とは極めて地域性を有しており，ゆえに市井の文化や日常と密接な関わりを持つ市場で経営を行っている．つまり，自社の経営努力では市場を創出する力のない中小企業は，どこまでも市場と寄り添い共に歩む姿勢が求められるのである．

　それでは，このように経営技法や経営行動が制約される一般的な中小企業は，どのようにして経営理念を策定すればよいのか．

　田舞［2002］は，そもそも中小企業を想定した場合の経営理念は，経営者の深い志によって策定されるとし，次のように説明する．経営者の人生観以上の経営理念は生まれない．経営理念とは，生きるとは何か，死とは何かを自分に問い，一度しかない人生をいかに生きるのかという，経営者の厳しい人生観からしか生まれないものである [田舞 2002:287-288]．よって経営理念は，経営者の己の生き死にの覚悟からしか導き出せないものであり，生死の問題を乗り越えて掴み取った経営理念には，その理念に殉ずる経営者の生き方が内包されなくてはならないのである [田舞 2002:289]．

　このように，オーナーシップの色濃く残る中小企業にとって経営理念とは，経営者の人生観と一体であるといえる．そのため，中小企業の経営理念は経営者の意識の範疇を越えて生まれるものではなく，経営者自身が「人生観」を描き，経営理念の策定を行う必要がある．経営資源に乏しく市場の競争力の低い中小企業が，経営資源に頼らずに当該企業を良質な企業経営へと方向付けるような経営理念を策定するには，経営者自身が日々企業経営を行いながら「なぜこの仕事をするのか」「なぜ経営をするのか」という自問を行い，経営を通じ

自身の死生観にまで昇華するほどの人生哲学を自身の内に育み，そこから経営哲学として自社の存在意義や自社の社会的な影響を，経営理念として捉え直す必要がある．

第4節　経営理念の従業員への浸透の必要性

　経営理念はそもそも，経営者自ら「何のために経営するのか」の自問自答から生まれたものであり，当該企業の経営の主体者としての自覚の確立という意味合いを持つ．その上で従業員に具体的な行動を促すためには，経営理念が従業員に浸透し，従業員も経営者と同じく，経営理念の実践の主体者となるように関心をもたせる必要がある［赤石 2001:19］．

　経営理念は，具体的な企業活動に落とし込むことで経営者の想いから生じた経営理念と経営計画が同じ方向性を持ち，経営理念の内容が短期・中長期事業計画等で具体化され，従業員に具体的な行動を促すこととなる．このように従業員が経営理念の実践の主体者となるためには，経営理念を事業計画に落とし込み，従業員によく理解してもらうことが重要である．そこから，経営理念が示す方向性と現実の経営活動が重なってくるのである．

　では，経営理念が企業活動に重要な影響を及ぼすならば，経営理念と当該企業の企業活動はどのように関係しているのであろうか．

　田舞［2002］は，経営理念と企業活動の関係として，経営理念が企業活動策定の方向性を指し示すことが重要だとし，そのために経営理念の中に事業領域の方向性を定めることが望ましいという［田舞 2002:264］．田舞［2002］の事業領域についての考察は次の通りである．「事業領域とは，企業が誰の役に立ち，何を奉仕の対象とするのかを具体化し，その信念をより明確に表示したものである．だから経営理念の中には事業領域が明示されていて，その事業領域とは新しい発想を生み出すようなものにしなければならない」［田舞 2002:271-272］（表6-2）．

表 6-2　企業活動に事業領域を確定・公表するメリット

1．社会貢献の方向性を提示し，経営使命感を明確にする．
2．企業がとるべき努力の焦点を明確にし，社内の一体感を醸成し，社員に社会とのつながりを身近に感じさせる．
3．製品やサービス提供に，より具体性を与えることができ，企業活動の策定に明確な方向性を与えることができる．

（出所）　田舞［2002:273］をもとに筆者加筆修正．

　すなわち経営理念は，当該企業の事業領域の方向性を指し示すことによって，当該企業が社会の中でどのような役割を担っているかを企業内外に明示することを可能とするものである．よって，経営理念は事業領域の方向性を指し示すことで，当該企業の企業活動を社会貢献や顧客志向に向かわせる機能を有することができるのである．

　経営理念の従業員への浸透は，経営理念が自社の存在理由を明文化し当該企業の経営方針や経営戦略を打ち出す際の行動基準や判断基準を示唆するものでなければならない．そして，経営理念の内容は，市場規模が小さく，オーナーシップの影響を色濃く残す中小企業の場合，自社の経営理念と経営者自身の人生哲学が重なる部分が多く，このことから，従業員に経営理念を浸透させることはすなわち経営者自身の人生哲学を従業員に浸透させること同じであると，解することができるのである．

　このように経営理念は，経営者の当該企業の経営活動への「想い」と，従業員の職業意識としての「想い」の方向を統一させる働きを持つ．さらに経営理念の浸透は，ブランド醸成の連環作用の要素である社会貢献や顧客志向に向かうように「想い」の方向を向かわせることから，経営理念は，従業員へ徹底して浸透させる必要がある．

第 5 節　経営理念の浸透方法

　経営理念が従業員にスムーズに浸透するためには，従業員に経営理念を受け

入れる土壌がなければならない．そうしなければ，従業員が経営理念の内容を十分に理解することができなかったり，場合によっては経営者が経営理念の浸透を図ろうとすることに反発を起こすかもしれない．

企業は継続して事業を営まなくてはならないことから，従業員も同じく自主的に継続して経営理念を自己の職業意識として浸透し続けることが期待される．中小企業において，経営者は絶大な存在であり，経営理念は経営者の生きざまそのものである．そのため，従業員が経営理念を理解し継続して浸透し続けるためには，経営者の生きざまに共感しロイアルティを誓うことが必要とされる．

青木［2008］は，経営理念を浸透させるためには，経営者と従業員が経営理念について共通の価値感を持たなければならないとしている．そのためには，採用，決済，ミーティング等のさまざまな意思決定の場面において，経営理念を判断の基準に使用することを挙げている［青木 2008:47］．例えば，職務遂行において，上司は部下へ指揮命令を下す際，経営理念による価値感を含んだ内容で業務命令を下し，経営理念を浸透させるのである．また人材教育の面からは，従業員研修を通して経営理念の価値感の共有化を図ることを挙げている［青木 2008:47-48］．

具体的方策として，経営理念に基づく行動基準など研修を通じて従業員へ浸透させることが挙げられる．例えば，新入社員に対してであれば，新入社員研修において，入社した企業はどのような経営理念を掲げており，それがどのような歴史や背景によって定まり，従業員の経営行動として具体的にどのような影響を与えるものであるかを資料として明文化し，経営者が自身の言葉で直接語りかけることが大切である．また，入社歴の浅い従業員にも，同様の社員教育を定期的に行うことで価値感の共有化が図れれば，経営者や上司が経営理念の基づく業務命令を発した際に，発令者の意思と受令者の行動が一致することになる．こうして，経営理念が具体的な経営行動となって，ひいては顧客やステークホルダーに理解されるのである．

田舞［2002］は経営理念の浸透に対し，経営者自らが経営理念の内容を実践

し，経営理念通りの生き方を従業員に示さなければならないという．経営者がどんなに立派な経営理念を打ち出しても，経営者が経営理念を体現し日々実践しなければ，経営理念は本質的には浸透しないという見方である．

経営者は，従業員が経営者の一挙手一投足を常に見ていると自覚し，経営理念を言葉だけでなく実践を通じて伝えなければならず［田舞 2002:194-195］，そのため，経営者は従業員に対し経営理念に沿った行動を取るように指示するだけではなく，自らが経営理念に即した行動を率先して実践し，その姿を従業員に見せることが重要となる．例えば，従業員に「掃除をしろ」というのではなく，自ら率先して「掃除をする」姿勢が必要である．もしも経営理念に，「製品開発で社会に貢献する」とあるならば，経営者が自ら製品開発の陣頭指揮をとり，社会の役に立つ製品を生み出すよう，従業員の意識を方向付けることが大切である．

このような浸透方法が可能となるには，従業員にある程度の経営理念の教育効果が深まっている必要があり，そこから自社の経営理念に関する知識と経営者からの経営理念の実践的行動によって受ける影響とが掛け合わされることで，従業員は主体的に経営理念を自身の職業観として受け入れることができるのである．

このような浸透方法の対象者は，すでに自社の経営理念を理解し部下に対して経営理念を指導する立場となる役職者や，青木［2008］の指摘にある，新入社員も含めて全従業員が経営理念の教育を終了し，経営者と従業員が経営理念についての共通の価値感を持つような，経営理念の徹底が図られている企業の従業員となる．

経営理念の浸透には時間がかかる．経営者が経営理念に即した行動の実践を自ら根気よく継続するとともに，時には経営理念に沿った行動の実践にひたむきに努力する従業員のプロセスを評価し，表彰や昇進等で処遇することも効果的である［田舞 2002:194;198］．

田舞［2002］は，このようなことから経営理念が徐々に従業員に理解された

ならば，仮に何か職場で問題が起きた場合も，従業員は職場で一致団結して企業の価値観である経営理念に基づいて対応することができるという［田舞 2002:244］．

　経営理念は従業員の業務遂行の指針であり，青木［2008］の主に若手従業員を対象とした意図的教育による浸透方法によって経営理念の浸透の基礎が作られ，田舞［2002］による，経営理念の教育が図られた従業員に対する自主的な浸透を促していく方法によって，経営理念をいつの間にか行動の基準として受け入れるような企業文化が組織内に根付き，従業員の職業意識と経営理念が一致していく．そして前述の企業文化，すなわち行動様式の強制力を組織内部に醸成する．このように経営理念を企業文化として浸透することができれば，従業員の行動に指揮命令と同様の力を持ち，経営者による指揮命令系統に頼らなくとも，従業員自らの行動を経営理念に適合させるような職業意識を持つ人材へと生成することが可能となるのである．

　さらに経営理念に基づく価値観教育が全従業員に徹底され意識付けされたならば，経営理念の内容に依拠した短期・中長期の事業計画と従業員の価値観は自然と同調され，従業員が自ら進んで企業理念の実践の主体者となり具体化されていくことになる．

おわりに

　本章では経営理念のあり方および従業員への浸透について考察した．

　そもそも人間が地域社会の中で生活を営むには，自分の利に生きるのではなく，道徳心に基づく人生哲学によって，自他ともに隣人への配慮の精神で地域社会に貢献することが求められる．同様に市井の中で生きる中小企業は，経営行動に対しても社会貢献志向や顧客志向といった経営哲学に基づく「徳性」に依拠した行動が求められる．そして，中小企業の経営行動に，このような「徳性」の方向性を示すのが，中小企業における経営理念の役割なのである．

　元来，中小企業の日々の経営とは，地域社会やニッチ市場という小さなマーケットを構成する人々とともに築き上げられるものであり，企業規模と同様に経営行動の範囲も狭いことから，中小企業は，企業側の論理で市場を誘導することを前提とした経営技法型の経営活動は通用しにくい．その反面，当該中小企業が，地域社会やニッチ市場に溶け込みニッチ市場の企業に関わる人々の暮らしを支え，地域社会に住む市井の人々から歓迎されるような市場共生型の経営行動を行えば，その地域社会もしくはニッチ市場になくてはならない存在として愛顧され，俗にいう「ごひいき」を受け，優位な商取引を続けることになる．

　当該企業が上述のような経営行動をとるためには，当該企業の経営者が「徳性」による人生哲学を確立し，この経営者の人生哲学と人生哲学に基づいた日々の経営行動から自社の存在理由を明文化した経営理念を策定し，経営理念の内容が全従業員を共感・結束させ，さらにその上で自社の経営行動となるように従業員に浸透させる必要がある．経営者は，経営理念を事業計画等の具体的な活動に落とし込み，さらに従業員に対して日々の行動へと浸透させることで具体的な行動に促し，その結果，経営理念が示す方向へと経営活動を導くことができる．

　経営理念の浸透方法には，指揮命令や研修などを通じて，その価値観を落とし込み浸透させる方法と，経営者自らが経営理念の内容を実践し，経営理念に基づいた生きざまを従業員に示すことで共感させ浸透させていくという方法がある．

　経営理念が企業文化として醸成されたならば，指揮命令と同様の力を持ち，経営者による指揮命令に頼らなくとも，従業員自らが経営理念に適合した職業意識を持つことが可能となる．

注

1)　ここで坂本は，中小企業の経営者が「経営者＝資本家」の構図と考えている場合，自己の利益優先の経営に陥り，従業員や仕入れ先・協力会社，顧客の満足度が低くなることを指摘している（特に坂本［2008:29-30]）．

第 7 章

従業員を尊重し能力を発揮させる人事管理

は じ め に

　本章は，前章と同じく中小企業に共通したブランド醸成の連環作用の要素か
ら，企業組織の内部管理の視点である「従業員を大切にし，従業員の能力を発
揮させる人事管理」に焦点を絞り，このような特性をもつ人事管理とはいかな
るものかについて考察する．

第 1 節　中小企業の労働者の職業意識にみる人事管理の現状

　中小企業に共通したブランド醸成の連環作用の要素である「従業員を大切に
し，従業員の能力を発揮させる人事管理」は，マグレガー（McGregor）の提唱
する「Ｘ理論・Ｙ理論」［McGregor 1960］に見ることができる．

　マグレガーの言う「Ｘ理論」とは，① 人間は生来的に怠け者であり，でき
ることなら仕事はしたくない，② それゆえ人間は，命令や強制，処罰による
管理方法で仕事にあたらせるべきである，③ 多くの人間は，責任を回避し改
革を好まない，といったネガティブな職業意識である．対して「Ｙ理論」とは，
① 人間は，自らに課した目標を達成するために主体的に働く，② 問題解決に
際し主体的に創意工夫を行い，自らの能力を惜しみなく発揮する，③ 自己の
能力の向上とその発揮の場を求め，さらにその正当な評価を受け入れる，とい
った労働者の主体性を尊重した職業意識である[1]．

　本節では，この「Ｘ理論・Ｙ理論」を基に，中小企業の従業員の職業意識の
現状と方向性を考察する．

1　中小企業の人事管理──人材の質──

　清成は，中小企業の人材について，給与・賞与・福利厚生・休日・労働時
間・作業環境などの点で大企業より総じて条件が悪いため，全国的に有名な大

学卒に見られる学力に長けた人材は，労働条件の良い大企業を選ぶという［清成 1997:229-232］．田中は，中小企業の従業員の採用は，血縁や地縁，学縁といった縁故採用が多く，それらの多くは地元の工業高校・専門学校・大学から採用するという［田中 1996:193］．このことから，田中は，中小企業の従業員は，「縁故採用」や「大企業と比べて学力が低い者」の割合が高く，そもそも中小企業の従業員が現在の会社を選んだ理由として，自分の能力発揮の可能性や企業の将来性もさることながら，交通の便や転勤が少ないこと，そして慣れない都会の生活で苦労するよりは住み慣れた地元での生活を優先して就職口を探すということが挙げられるという［田中 1996:194］．

すなわち，清成［1997］，田中［1996］の中小企業の労働者観は，自己実現のチャンスや職務内容もさることながら，交通の便や転勤が無いこと等地元での就労を優先する人材であり，仕事に対してどちらかと言えば消極的な人物像といえる．

ただし，この人物像は，マクレガーの「X理論」でいう「怠け者」や「無責任」観とは違い，仕事はまじめに働くものの，「主体性」や「自立意識」に乏しいといった「X理論」と「Y理論」の中間に位置するものと考え，本書ではこれを「X´理論」と定義する．以下，このような中小企業特有の人物像を「X´理論」的職業意識として，考察することにする．

2　中小企業の人事管理──ワンマン経営──

竹内［1995］は，中小企業の経営特性によって，従業員の自立意識が阻害され，その結果従業員の本来持っている能力が発揮されずに，仕事に対する消極的な傾向となって現れる，という見方をしている．

竹内［1995］は，このような中小企業の経営特性を「ワンマン特性」として，そのワンマン経営の特徴と従業員への影響について，次のように述べている．特に規模の小さな中小企業は，経営者が１人で仕事を回せることから職務分化が存在せず，従業員を単なる社長の手足のような地位に引き止めることになる．

また，竹内［1995］は中小企業の経営者を「企業一家の長」と捉えており，その
のためワンマン傾向が強く，経営者と従業員の間の関係は主従的であり，その
取扱いは経営者の一存にあるとしている．このような状況の中で従業員の主体
的意識は希薄となり，学習不足，自立性欠如といったX理論的職業意識の方向
へと導かれることになる．その結果，いわゆる奉公人的感覚が生まれることと
なり［竹内 1995:66］，取引先の企業や顧客のために働くのではなく経営者のた
めに働くといった，顧客志向とは真逆となる経営者志向を強いることになる．
それゆえに中小企業の従業員は，このような「ワンマン特性」の強い組織下の
人事管理によって本来人が誰しも持ち得ている様々な能力が発揮されず，その
ため田中［1996］，清成［1997］に見られる仕事に対して消極的な，「X′理論」
的職業意識を有する人物像として映ることになる．

　また末松［1962］は，ワンマン経営を次のように考察する．

　ワンマン経営者はいかなる経済の変動に対しても，自己の知恵・勇気によっ
てこれを突破してきたことから，自己の識見・能力に大きな自信をもっている．
我流や自由行動に対する根強い憧憬を持ち，猛烈な企業意欲で利益のあるとこ
ろには，リスクがあったとしても敢然とぶつかっていく．しかし，このような
過信は，企業内部に権力性と秘密性を持たせるため，組織はワンマン経営者の
独裁的特色を帯び，これが組織性欠如の原因となる．また一国一城の主とし
ての独立した存在であるだけに，従業員に対して威圧をもって臨みやすく，
同族のみを信じて，従業員を信用しないという同族性が現れてくる［末松
1962:233-234］．中小企業に見られるワンマン経営は，このような特性の結果であ
る．

　中小企業経営者には，起業当初，休暇を取らず超過労働で無理やり軌道に乗
せたというような例も多い．それらの多くは「経営者になりたい」「自分の会
社を持ちたい」という起業への純粋な動機（ロマン）がそのモチベーションと
なっており，企業と社長個人とが同一化され　愛情を当該企業に抱く．このこ
とから当該企業が，経営者に私物化されてしまう傾向が多く見受けられる．し

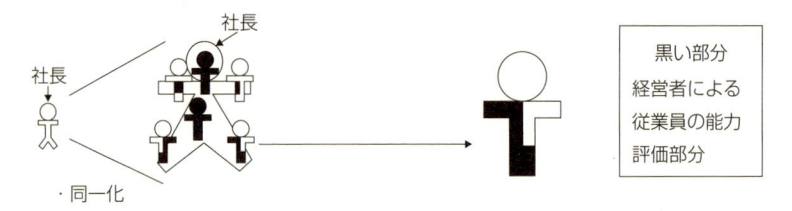

（ワンマン経営の下では，企業規模が拡大しても，経営者の価値観は変わらない）

① 黒い部分が経営者（＝企業）の認める能力と従業者の持つ能力が重なる部分．
② 黒い部分の能力のみ経営者（＝企業）は評価．
③ 自己評価も低くなり，従業員自身の潜在能力を過小評価．
④ 黒い部分しか，従業員は能力を発揮できない．
　上記より，従業員は本来の能力を発揮できない．

図 7-1　ワンマン経営者による従業員の評価と能力発揮

（出所）　筆者作成．

かし，当事者である経営者から見れば，その当該企業は経営者の価値観に基づき，その腕力によって社会に生み出されたものであるため，経営者にとってワンマン経営や企業の私物化は，極めて自然な現象に過ぎないのである．会社法人である以上，会社法や労働基準法など様々な法令の遵守が義務づけられるのであるが，経営者の価値観を強いた当該企業の従業員に対して求められるものは，経営者への服従と忠誠心であり，各種法令も経営者の価値観とそぐわなければ経営者の意思決定を阻害する対象として映るのである．

　では，ワンマン経営者はどのように従業員を評価し，それがどのように従業員の成長を阻害しているのか．

　当該企業がそもそも経営者の価値観を強いた存在であるならば，その組織の価値基準は経営者そのものであり，そのため，当該企業の従業員の評価基準は経営者本人と同一化される（図 7-1）．このことは，ワンマン企業ではあくまで経営者の認める評価要素と，従業員の持つ能力が重なる部分のみが評価の対象となり（図 7-1 ①），また，ワンマン企業が多様な価値観を認めないことから，従業員が本来持っている資質・能力のうち，経営者の価値観と違っている部分について評価はされない（図 7-1 ②）．同様に，従業員自身も経営者と異なる資

質・能力について過小評価してしまい（**図 7-1 ③**），さらに経営者の強すぎるリーダーシップ（ワンマン）により，学習不足・自立性欠如が助長され経営者（＝企業）の認める資質・能力しか従業員は持てる能力を発揮できず（**図 7-1 ④**），X′理論的職業意識，もしくは更に阻害されればX理論的職業意識となってしまうのである．前述の，田中［1996］，清成［1997］の中小企業の労働者観に見られる，優秀な人材は入社しないという側面は確かに否定できないものの，ワンマン経営者自身が価値観の多様性を認めない組織風土を形成したために，従業員は自身の本来の能力を発揮することができなくなっていたのである．

3　中小企業の人事管理──Y理論的職業意識への転換の可能性──

　しかし竹内［1995］によれば，このようなX′理論・X理論的職業意識の人材であっても，中小企業の規模が拡大すると，従業員に自立意識や組織意識といったY理論的職業意識が芽生えるという．

　竹内［1995］は，1つ目の指摘である自立意識の芽生えに関して，職能の分化は仕事の専門性をまねき，細分化の程度が進むほど，また規模の拡大により管理階層が増えるほど下部階層の従業員の方が仕事に詳しくなり，それを契機として上からの命令に従うのみならず，自分で仕事をマネジメントすると指摘する．また，2つ目の指摘である組織思考に関しては，自立意識の台頭を契機として，従業員の間には「奉公と忠誠」から「役割と貢献」へと組織的な物の考え方が行われていくという．これらのことが，彼らが従来維持してきた経営者との主従関係に変質をもたらし，**図 7-1** に見られる社長の価値観の僕（しもべ）としての立場から独立し，組織人として自立するという［竹内 1995:66］．

　すなわち竹内［1995］は，同じ人間を想定しながら，従業員は経営特性の変化に合わせて，学習不足，自立性欠如といったX′理論・X理論的職業意識から，自立意識や組織意識といったY理論的職業意識が芽生えることを指摘しているのである．

4　ワンマン経営が従業員に及ぼす影響

　これまで中小企業の従業員像とは，指示された職務に対してまじめには取り組むものの，自己実現のチャンスや職務内容より地元での就労を優先する，仕事に対して消極的な人物像（＝X⁻理論的職業意識）として見られていた．しかしそれは，中小企業の従業員が，「ワンマン特性」の強い組織下の人事管理によって，本来人が誰しも持ち得ている様々な能力が発揮されず，結果そのような人物像となっている．中小企業の経営特性として指摘されるワンマン経営者特有の過信と同族性や威圧的態度が従業員の能力発揮を阻害する要因となり，従業員の自立意識を阻害する．その結果従業員の本来持っている能力が発揮されず，仕事に対する消極的な傾向が顕著となる（＝X理論的職業意識）のである．

　このようにワンマン経営は，価値観の多様性を認めない組織風土を形成し，従業員の能力発揮を阻害する．一方同じ従業員であっても，経営特性の変化に合わせて職業意識は変化する．そのため，中小企業の経営者が，たとえ当該企業の規模の拡大を待たなくとも，私物化した当該企業を自身の意識の中で手放すだけで，企業内部の組織風土やそれに伴う従業員自身の意識変化によって，中小企業の労働者の質をY理論的職業意識に変化できるのではないかと考える．

　次節では，従業員の質をY理論的職業意識へと変化させる人事管理について，組織風土の変化や，従業員の意識変化の視点から考察する．

第2節　中小企業の人事管理
──従業員のY理論的人材への変化の構造──

　本節は，従業員の職業意識をY理論的意識へと変化させる人事管理について，主に経営者のリーダーシップと従業員自身の内発的な自己意識の変化の視点から考察し，従業員の職業意識の変容の方法を導き出すことにする．

1　経営者のリーダーシップの方向──専制の否定──

　ゲシュタルト心理学者である Lewin [1939] は，アイオワ児童福祉研究所における Lipitt－White の『民主，専制及び放任の雰囲気，またはクラブの効果に関する実験』(以下アイオワ実験) を基に，リーダーシップと組織風土の関係および集団の成員の意識変化について明瞭に論じている．アイオワ実験の要旨は**表7-1** の通りである．

　なぜ，専制集団において，スケープゴートの事態が生じたのか．Lewin [1939：邦訳 106] の分析では，専制的支配のもとではリーダーシップを通して地位を高めるという望みは全部阻止されており，そこではすべての児童は他のすべての児童の暗黙の敵対者となった．そのため，通常であれば高い地位に昇れない成員たちは，1 人の個人に対する攻撃に参加することによって同僚の 1 人を激しく押し下げ，それによって自らの相対的地位を高めた，という．

　一方民主制では，チームワークが強化され，児童たちは「私が」ではなく

表7-1　アイオワ実験要旨

　「お面づくり」をするということで集められた熱心な志願者たち (10〜11 歳の少年少女) から，2 つの集団が結成された．1 つは民主制の集団であり，お面づくりの活動の際に，お面の作成の方法を自由に選択できた．もう 1 つは専制の集団であり，常に民主的集団が選択した方法と同じ行動を行うようリーダーから命令を受け，お面づくりの作業を強制された．なお 2 つの集団は，集団の雰囲気を除くあらゆる状況を同一になるよう配慮されている．

　この 2 種類のリーダーシップによる児童達の集団内の雰囲気の影響を観察したところ，専制は民主制に対し児童の間で約 30 倍もの敵対的支配行動がみられた．

　専制集団の児童達は，他人の注意をひこうとする要求が強く，他の児童に対して敵意ある批評が多く聞かれた．

　一方民主制では，児童達が協働しながらお面づくりを行い他の成員への賞賛が頻繁にみられた．専制集団の雰囲気は，緊張が高くリーダーと下位の集団は明瞭に区別されたが，民主制集団の雰囲気は，社会的地位の差が僅かであった．

　児童の個性においても，民主制では児童自身がお面づくりを通して得意分野を持つことが多く，児童達は自分の持ち前の個性を出しながら作業ができたが，専制では児童の個性を発揮することがなかった．民主制では自発的な下位集団化が目立ち，専制の約 2 倍の協力関係を持続させた．

　お面づくりを継続していくうちに，専制集団は集団内の緊張を極度に高めてしまい集団内の雰囲気が悪化し，特定の児童をスケープゴートするという状況を生じさせてしまった．専制集団の児童は徒党を組み，集団でこの特定の児童をいじめ，その結果この特定の児童は，お面づくりの活動を欠席する事となってしまった．

(出所)　Lewin [1939：邦訳 94-110] をもとに筆者要約．

「我々が」という感情を持ち，逆に，リーダーに対する媚びへつらいのような態度は，ほとんど見受けられなかった．児童達の個性に関しても，お面づくりの作業を通じ，各々の生徒個人が特定の専門分野を持つまでに至り，生徒達は個性を大いに発揮した．お面づくりの作業が複数人の協力を必要とする場合，専制集団ではリーダーが成員達に集合を命じなければならい場合でも民主制では自発的に集合した．さらに，この集合したグループは，専制集団では放置するとすぐさま崩壊したが，民主制では協力関係が長期間維持された [Lewin 1939:邦訳 103-105].

このように民主制のリーダーシップは，児童自身がY理論的職業意識と同じ効用である「主体性」や「自立意識」の醸成を自発的に育む結果を生み出した．

オーナーシップ型の中小企業が，ワンマン経営者による専制リーダーシップを生じさせてしまうことは，前節で述べた通りである．組織が小さく，さらに専制的雰囲気を有している場合は，Lewin [1939] の研究に現れていたように緊張が大きくなり，経営者と従業員の組織内の地位は，明瞭に区別されてしまうことになる．

「アイオワ実験」で最も興味深いことは，実験途中に児童達の1人を専制・民主制のそれぞれの各集団に入れ替えた時，支配的な行動を取る回数等が互いに真逆となったことである [Lewin 1939:邦訳 106]. すなわち，本来人間は，異種な特性を持ち合わせており，どの特性が表出するかは，リーダーシップの方法とそこから醸成される組織風土によるところが大きい．そのため経営者は，専制的組織管理であるワンマン経営を止め民主制のリーダーシップを行い，そこから育まれる民主的な組織風土の醸成による従業員の自立意識や創造性の発揮を起こさせる必要がある．

2　経営者のリーダーシップによる従業員のY理論への転換──方法の段階──

ここでは，専制的なワンマン経営者のリーダーシップから，民主制のリーダーシップへ，どのようにリーダーシップが変容を遂げるのか，およびその転換

の方法について考察する．

（1）　専制から民主制のリーダーシップへの転換——リーダーシップの変容——

　前出の Lewin［1939］によるアイオワ実験の研究の考察から，中小企業労働者の質をY理論的人間観への変化させる人事管理とは，経営者が専制的組織管理であるワンマン経営を止め，民主制のリーダーシップを行う必要がある，ということが解として導き出された．ただし，民主制のリーダーシップというだけでは具体性に乏しく，表層的すぎるきらいがある．したがって，この民主制のリーダーシップへの転換について，ここでは Hersey-Blanchard の SL（Situational Leadership）理論を用いて考察することにする．

　SL 理論とは，Hersey-Blanchard が提唱したリーダーシップ理論であり，有効なリーダーシップスタイルとは成員（＝本書における従業員）の成熟度（＝本書における職業意識の上昇度合）によって変化するというものである．Hersey, Blanchard and Johnson［1996：邦訳 276］は，このようなリーダーシップを「状況対応型リーダーシップ」と名付け，以下の手順で成員の成熟度を高め，自主性を育むことが肝要であると論じている．以下に SL 理論（**図 7-2**）を援用し，その変容の過程を見ていく．

　職業意識の低い成員を生産的にするためには，「教示的（S1）」リーダーシップによる強い指示が相当する［Hersey, Blanchard and Johnson 1996：邦訳 206］．このリーダーシップの方法は，Lewin［1939］が指摘する「専制的リーダーシップ」と同様に，指揮・命令型リーダーシップという一方向のコミュニケーションとなる．このリーダーシップが有効な従業員の職業観は，従業員に仕事に対する自主性や自立意識がなく，経営者の強い指示でしか仕事に取り組まないことから，X理論的職業意識となる．

　ちなみに，従業員の成熟度が向上しても，「教示的（S1）」リーダーシップによる強い指示のままでは従業員の自立意識が阻害され，職業意識はやがてX理論的職業意識に引き戻され，S1の成熟度に留まることを余儀なくされる．

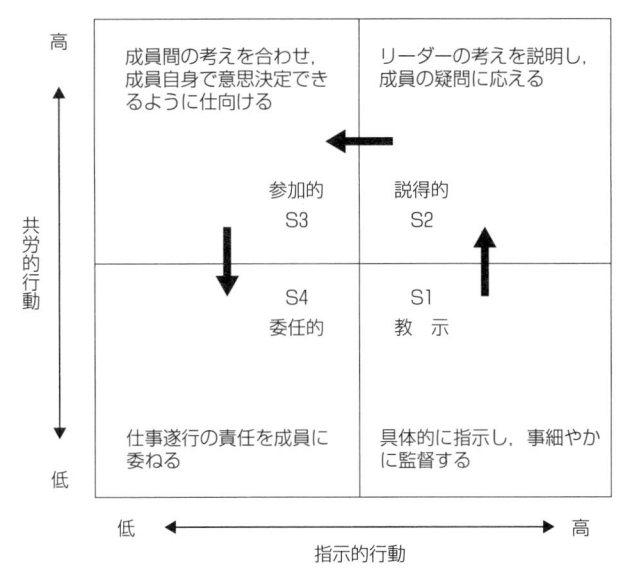

図7-2　状況対応リーダーシップ・モデル（SL理論）

（出所）Hersey, Blanchard and Johnson［1996:邦訳 313］をもとに筆者加筆修正.

そのため，従業員職業意識がX理論的職業意識から向上した場合は，経営者はその向上に報いるために協働的行動を強化しなくてはならない．SL理論によれば，この段階のリーダーシップは，経営者の考えを説明し従業員の疑問に答えていくという「説得的（S2）」リーダーシップとなる［Hersey, Blanchard and Johnson 1996:邦訳 206-207］.

このS2段階の従業員の職業観は，「指示された職務に対してまじめには取り組むが仕事に対して消極的である」ことから，中小企業の従業員に見られるX´理論的職業意識に対するリーダーシップに相当すると言える.

そこからさらに従業員の成熟度が向上すると，リーダーシップは，リーダーの関与の度合いを少なくし従業員との考えを合わせながら，従業員自らが自発的に意思決定するよう仕向けるという「参加型（S3）」となる［Hersey, Blanchard and Johnson 1996:邦訳 206-207］. このS3段階での従業員の職業観は，

従業員自ら意思決定を行うという，仕事に対しての自立意識が芽生えることから，はじめてY理論的職業意識を持つようになると言える．

さらに従業員の成熟度が向上し職業意識のレベルが最高に高まった場合，経営者は職務遂行上の責任を従業員に委ね，従業員の行動に対する統制と協労的働きかけを減らしながら対処するという，従業員の成熟度の高さによる自立意識に基づいた「委任的（S4）」リーダーシップを取ることになる［Hersey, Blanchard and Johnson 1996:邦訳 206-207］．S4段階における従業員の職業観は，完全なるY理論的職業意識と同一となる．

このように，「説得的（S2）」「参加的（S3）」「委任的（S4）」の各リーダーシップの特性は，リーダーシップの形が従業員の成熟度に応じて段階的に変化しつつも，各段階それぞれでリーダーと成員は双方向でコミュニケーションを取るスタイルとなることから，Lewin［1939］が指摘する「民主制リーダーシップ」と同様のリーダーシップ特性であるということができる．

以上から，経営者はリーダーシップの形を，成員である従業員の職業意識の成熟度に合わせ，教示的（S1）⇒ 説得的（S2）⇒ 参加的（S3）⇒ 究極の成熟状態である委任的（S4）へと，リーダーシップ特性を民主制の性質へ段階的に

従業員の職業意識 （X理論・Y理論）	X	X´	Y	
リーダーシップのタイプ （アイオワ実験）	専制	民主制		
リーダーシップのタイプ （SL理論）	S1	S2	S3	S4
従業員の労働意欲向上 への転換の方向				

図7-3　従業員の職業意識の醸成に対する適切なリーダーシップ

（出所）　筆者作成．

強めていくことで，従業員の自主性を育み，従業員をＹ理論的人間観に変化させることが可能となる．

　ここで，従業員の職業意識の段階（Ｘ・Ｘ´・Ｙ理論的職業意識）に対するリーダーシップの種別と各段階を図表化すれば，**図 7-3** のようになる．

　では，どのような方法を用いれば，上記のように従業員の職業意識を段階的に変容させることができるのか．以下，職業意識の変容の方法について考察する．

（２）　専制から民主制のリーダーシップへの転換──転換の方法──

　ここまで，主に専制から民主制のリーダーシップへの転換について言及してきた．リーダーシップの転換によって，従業員の職業意識の変容を可能とするには，なにより経営者が組織の成員から受け入れられていること，そしてそもそも従業員が何のために当該企業で就労するのかについて納得できていることが重要となる．

　従業員の心的内面において，この人となら話をしたい，この人の下で働きたい，という経営者に対するロイアルティが高まらなければ，従業員の職業意識を上昇させることはできない［横田 2017：112-15］．そのため，まずなによりもリーダーの人格が従業員に受け入れられ，かつ尊敬に値するものでなければならない．その上でさらに，リーダーから発せられている業務内容の指示・命令を従業員が納得し行動に移すには，その指示・命令の内容がリーダー個人や会社の利益のためではなく，顧客や社会貢献に寄与すること，そしてそこから得られる利益は，従業員とその家族を幸福にすることを従業員が想起するものでなければならない．そこで必要になってくるのが，従業員に対しそもそも何のために働くのかを問う社会貢献志向・顧客志向の経営理念の存在である．すなわち従業員の職業意識の変容には，その前提として，「従業員の経営者に対するロイアルティ」と「社会貢献志向・顧客志向の経営理念による従業員自身の主体的な労働意欲の惹起」を必要とするのである．

　そもそも中小企業における経営理念とは，経営者の生きざまから生まれたものである．従業員が経営理念を理解することとは，すなわち，経営者の生きざまを理解し共感することであり，従業員が経営者という人間に対して尊敬の念を持つことでもある．このような状況によって経営者が従業員個々人に対して的確なリーダーシップを行うことで，このような基盤ともいうべき風土が醸成され，従業員個人の職業意識を引き上げることが可能となる．

　従業員の職業意識を上昇させる準備が整ったならば，次に経営者は次のような方法で従業員の職業意識を変容させる．

　経営者は，従業員に経営理念の理解が高まり職業意識を上昇させる準備が整ったと判断された場合，これまで当該従業員に対して行ってきたリーダーシップスタイルから1段高いリーダーシップスタイルを用いて指示・命令を行い，従業員自身に対する経営者のリーダーシップが上昇したことを示す．従業員は，経営者によるこのようなリーダーシップスタイルの変化を察して，① 従業員自身への指揮・命令の介入がこれまでより減少し，従業員自身に対する委任の度合いが高まったこと，② 経営者の指揮・命令の介入の減少を補うため，自身の職業意識に対する自律意識を高めてより主体的に業務に携わらなければならないこと，を理解することとなる．このことをもって，従業員は自身の職業意識レベルが1段階上昇したことを客観視する．このように経営者が，1段高いリーダーシップスタイルを用いることは，従業員が自らの意思で職業意識のレベルを上昇させる契機となるのである（図7-4）．

　従業員個々人の職業意識が，経営者のリーダーシップの変容によって次々に上昇していくと，結果として組織全体の職業意識が1段上昇したことになる．職業意識が上昇した従業員の数が増えていけば，それに伴い，今度は，組織全体に対するリーダーシップスタイルのレベルを上昇させ，上位レベルの職業意識を当該組織の標準的な職業意識特性として定置させる．このことで，当該組織の職業意識のレベルは，高次の職業意識が基準として定置される．組織全体に対するリーダーシップスタイルを一段上昇させることで，当該企業の組織の

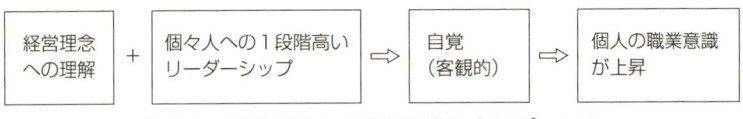

図 7-4　従業員個人の職業意識の上昇プロセス

（出所）　筆者作成.

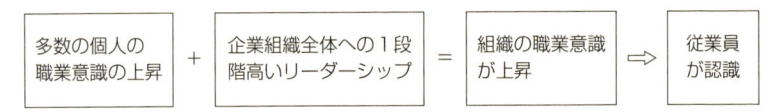

図 7-5　企業組織全体の職業意識の上昇プロセス

（出所）　筆者作成.

職業意識レベルが次の段階に移ったことを認識することになる（図 7-5）.

　この時点で，低位の職業意識に留まっている従業員は，組織内で定置された「職業意識の基準」こそが，当該従業員が本来持つべき職業意識のレベルであることを，メタレベルで気付くことになる. それは，組織内で定置された職業意識レベルの基準自体に，低次の職業意識の当該従業員が心理的拘束力を感じ，そのレベルに向かって努力をすることに繋がる. 同様に，高次の職業意識の従業員は，この企業組織内で共通された「職業意識の基準」を土台として，さらに自身の職業意識の高揚に主体的に努めることから，その基準となる組織集団の職業意識が高まることは，すなわち職業意識の高い当該従業員の職業意識をさらに高めることとなる.

　以上のプロセスによって，当該企業の職業意識の底上げが完了し，当該企業全体の職業意識が上昇するのである.

　では，この職業意識の変容には，どのような心的変化があるのか.

　企業組織等何らかの集団を帰属集団と認識する人間は，同じ 1 人の人間の心的領域の内に，完全なるプライベートの状況下と同様の「個人人格」と，帰属集団の組織の場に影響を受け思考や行動を帰属集団の雰囲気によって規制されている状態の「組織人格（＝社会的性格）」の二種類の人格を併せ持っている. どの人格が出現するかは，当該企業の就労環境の状況によって変化する. 例え

ば，経営者からオフィシャルに指揮・命令を受けている場面では，従業員は自身の組織人格で対応をし，また経営者や同僚とプライベートな会話を行っている場面では，従業員は自身の個人人格で対応をする．このように従業員は，二種類の人格が入れ替わりながら当該組織内で組織人格としての個人を形成し，更に当該組織の集団特性が発揮する心理的拘束力の影響を受け，言動を行っているのである．

　以上のことから，経営者が当該従業員にリーダーシップを行う際は，「個人人格としての従業員」と「帰属する職場の雰囲気に影響を受けている組織人格としての従業員」の二種の人格が当該従業員の心的内面に備わっていることを把握したうえで，従業員個人および組織集団に対して適切なリーダーシップをとる必要がある．

　これら経営者によるリーダーシップの専制から民主制のリーダーシップへの転換により，従業員の職業意識をＹ理論的職業観へと変容することが可能となる．

おわりに

　以上から，経営者は，従業員の自立意識や創造性を発揮させＹ理論的職業意識を醸成するには，専制的組織管理であるワンマン経営を止め，民主制のリーダーシップを行い民主的な組織風土を醸成する必要がある．

　「アイオワ実験」，「SL理論」において，それぞれのリーダーシップのあり方を考察した結果，専制的なワンマン経営者のリーダーシップを民主制のリーダーシップへ切り替え従業員をＹ理論的職業意識に転換するためには，段階があることが導き出された．その結果を以下にまとめる．

　従業員の職業観がＸ理論的職業意識の場合のリーダーシップのスタイルは，アイオワ実験における専制に該当する「教示的（S1）」リーダーシップとなる．本章で対象となる中小企業の従業員像であるＸ´理論的職業意識の従業員へは

「教示的（S1）」より1段高いリーダーシップのスタイルである「説得的（S2）」リーダーシップとなる（S2以降のリーダーシップの方法は，アイオワ実験における民主制に該当する）．S2から従業員の職業意識が高まれば，リーダーシップのタイプは「参加的（S3）」，さらに従業員の職業意識の目指すべき方向性として究極の成熟状態となる「委任的（S4）」となる．

　当該企業の職業意識を向上させる方法は，次の通りとなる．まず，「従業員の経営者に対するロイアルティ」と，「従業員へ経営理念の内容の浸透を徹底し，社会貢献志向・顧客志向の経営理念による従業員自身の主体的な労働意欲の惹起」を従業員の意識に浸透させておくことが必要である．次にそれをもとに従業員に対して意図的にリーダーシップのスタイルを上位に切り替え，従業員の個々人の職業意識のレベル設定の上昇を促す．従業員の個々人の職業意識のレベルの上昇数が組織集団内で相当数増加していけば，それに伴い今度は，帰属集団に対するリーダーシップのスタイルのレベルを上昇させ，上位レベルの職業意識を当該企業の職業意識特性の基準として定位させる．

　このようなリーダーシップの方法によって，X′理論的職業観であった中小企業の職業意識をY理論的職業観へと導くことができるのである．

注
1）　外島［1995：37］を加筆修正した．

第 8 章

コーポレート・ブランドを醸成する経営活動の連環

はじめに

前章までの考察から，中小企業のコーポレート・ブランドが醸成するためには，社会貢献志向や顧客志向の経営理念の存在と，従業員の自立意識や創造性を発揮させY理論的職業意識を醸成する民主制のリーダーシップが必要であることを指摘した．

本章は，このようなコーポレート・ブランドの醸成要件に関するこれまでの考察を踏まえ，Y理論的職業観へと導かれた従業員が，どのような意識の過程を辿って，中小企業のコーポレート・ブランドの醸成要素となる「社会貢献志向や顧客志向の製品」を生みだすのか，そして「社会貢献志向や顧客志向の製品」を通じて，どのように当該中小企業にコーポレート・ブランドが醸成されるのか，について考察を行うことにする．

第1節　従業員の「想い」から生じる製品

本節は，Y理論的職業観へと導かれた従業員が，どのような意識の過程を巡って「社会貢献志向や顧客志向の製品」を開発し提供するのかについて考察する．

そもそも企業が製品を市場に出す行為は，当該企業を外部から観察すれば，製品は当該企業から自動的に生産され，市場に投下されるものとして映るであろう（図8-1）．

しかし，当該企業の組織内部から製品が生成される過程を観察するならば，企業が製品を市場に出すことの前提に，従業員各人に経営理念からくる「想い」があり，設計部門そして製造部門を経て実際の製品となり，営業を通じて企業から市場へと投入される．つまり，製品が企業から生産される現象の元を辿れば，その発生源は従業員の「想い」となるのである．

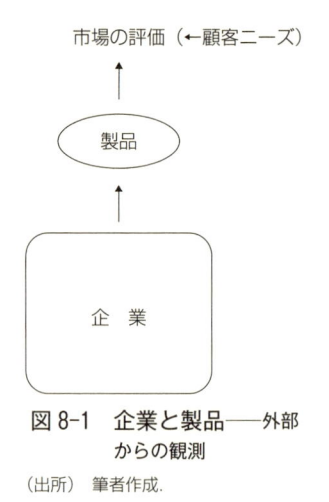

図 8-1　企業と製品──外部
からの観測

(出所)　筆者作成.

　この一連のプロセスは，以下のように説明することができる.

①「想　　　い」：Y理論的職業観へと導かれた従業員の意識が，製品への「想
　　　　　　　　い」となり，製品アイデアが生まれる.
②「設計・製造」：設計・製造の過程で「想い」が具現化され，製品となる.
③「営　　　業」：設計や製造に携わった従業員の「想い」を受け継いだ営業が
　　　　　　　　自らの「想い」を重ね，製品を市場に送りこむ.
④「市場の評価」：市場では，顧客ニーズによって評価される. 製品を通じて顧
　　　　　　　　客のニーズが「想い」と重なれば製品は評価を受け売れるが，
　　　　　　　　逆に「想いと顧客のニーズがアンマッチを起こせば，製品は
　　　　　　　　市場から排除される.

　このように，製品の発生源は，「製品を通じて，社会や顧客に貢献をしたい」
といった従業員の「想い」であり，この従業員の「想い」が，それぞれの立場
（設計・製造・営業）で製品に投入されるのである.
　この従業員の「想い」は，経営者が従業員のロイアルティを得られる人物で
あれば，経営理念が従業員に浸透され，経営理念に則った「社会貢献志向や顧

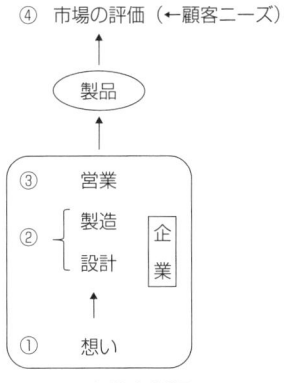

④　市場の評価（←顧客ニーズ）

図 8-2　企業と製品──組織内
　　　部の製品生成プロセス

（出所）　筆者作成.

客志向の製品・サービス」を生み出そうとより高まる.

　図 8-2 の組織内部の製品生成プロセスの流れを，本書第 5 章で取りあげたA
社に当てはめると次のように説明することができる.

①「想　　　い」：A社は，「使用する人の幸せを叶える商品づくり」という経
　　　　　　　　営理念の浸透により，創業者の「人々の暮らしを支える意義
　　　　　　　　の有る仕事をしたい」という「想い」が従業員に引き継がれ，
　　　　　　　　製品開発のアイデアを生む動機となった.

②「設計・製造」：A社で 1990 年の中頃，市場参入した工場向け換気装置や水
　　　　　　　　の浄化装置は，もともとマスクの製造とは違う分野の製品で
　　　　　　　　あるが，「労働者の安全や健康を守ることが同社の仕事であ
　　　　　　　　る」という創業の精神の前に製品ジャンルは関係ないとして，
　　　　　　　　開発に着手し製品化した（A社広報談）.

③「営　　　業」：A社の営業は，製品を販売するだけではなく，現場作業員に
　　　　　　　　対する健康障害防止のための教育や啓発活動も行う. 同社の
　　　　　　　　営業は，製品を通じて多く労働者の安全と健康を守ることを

売ることで，経営理念の実現を果たしている（A社HPおよび
　　　　　　　　A社広報談）．

④「市場の評価」：これらの結果，A社製品を手にした顧客がリピーターとなり，
　　　　　　　　A社の商品ラインナップの多くがロングセラー商品となって
　　　　　　　　いる．

　このように，A社から生み出される製品には，各々の従業員の心理に「人の
幸せを叶える製品」を生み出そうとする「想い」が湧き上がり，「想い」を設
計・製造に携わる従業員が職務の中で具体的な形に作り上げていき，営業が製
品に込められた「想い」を市場に届ける．

　なお，そのためには経営者が，従業員の「想い」を社会貢献志向や顧客志向
の方向へと導くように，経営理念を従業員に十分に浸透させる必要がある．

第2節　経営活動の連環
——内部構造の解明——

　従業員の「想い」は，組織内部の製品生成プロセス（図8-2）を経て製品を生
み，市場の評価を受けた後，再度従業員の「次の想い」に還元される．本節は，
前節で考察した「組織内部の製品生成プロセス」をもとに，このような「想
い」から生じる経営活動の連環が，どのような組織の内部構造からもたらされ
ているのかについて明らかにする．

　「想い」が製品として形となった後，製品は市場に提供され市場の評価を問
われることになる．製品はロングセラー商品となる場合もあるが，逆に市場か
ら評価を受け入れられずに姿を消す場合もある．製品が市場から評価を受けた
場合はもとより，市場から姿を消した製品の場合もふくめ評価結果は，再度従
業員の職業意識に還元され，「次の想い」を生む．そこから「想い」は再度企
業組織内で，すでに市場に出した製品の改良や新たな製品を生むために，設

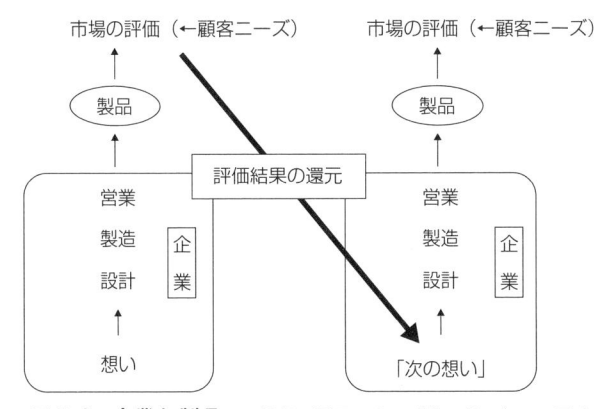

図 8-3　企業と製品──情報の還元による「次の想い」への反映
（出所）　筆者作成.

計・製造，営業といった企業内部の製品生成プロセスに反映されるのである
（図 8-3）.

　このように企業組織は，従業員の「想い」を育み，製品生成プロセスを経て
製品を生み，市場の評価を受ける．従業員の「想い」が向かうべき方向は，市
場の評価である顧客ニーズの方向でなければならない．経営者は，市場から得
られた評価結果の情報が再度，従業員の「次の想い」に還元されるようにリー
ダーシップを発揮し，経営理念に則った製品を生み出そうとする従業員の「想
い」を鼓舞する必要がある．そして，従業員が社会貢献志向や顧客志向の製品
を市場に提供し，さらにこの製品に対する市場の評価が「次の想い」につなが
るよう，経営活動を連環させるのである.

　このような社会貢献志向や顧客志向の製品を生み出す経営活動が連環してい
るということは，当該企業の組織風土が従業員の「想い」を常に市場や顧客の
方向に向かわせているということである．また，経営理念の浸透により社会貢
献志向や顧客志向の「想い」が製品アイデアとして従業員から生じた場合には，
設計・製造・営業部門へと「想い」を確実に伝達し，企業組織内で共有される
ことが必要となる.

　このような社会貢献志向や顧客志向の製品を生み出す経営活動の連環が，どのように企業組織の内部構造に組み込まれているのか，一連のプロセスを次のようにまとめることができる．社会貢献志向や顧客志向の製品を生み出す経営活動の連環は，**図**8-4 のプロセスを辿る．

①「組 織 風 土」：当該企業内に，従業員が常に市場や顧客へと「想い」を向かわせる組織風土が醸成されており，従業員の「想い」は常にこの方向に向かう．

②「市場の評価」：従業員が，社会貢献志向や顧客志向の「想い」から生じた製品を市場に提供したことによって顧客ニーズが満たされ，当該企業に対する評価が高まる．

③「信 頼 関 係」：顧客はニーズを満たされたことで，製品を通じて当該企業に信頼をよせ，また従業員も顧客が信頼を寄せたことで従業員自らの「想い」を汲み取った顧客に感謝の気持ちを抱く．ここから，顧客と従業員達の間に信頼関係が構築される．

④「モチベーション」：従業員は自らの仕事が，「社会貢献志向や顧客志向」の「想い」を具現化した製品が市場で適正な評価を得たことや，顧客との間で信頼関係が構築されたことに刺激され，仕事へのモチベーションを上げる．

⑤「ロイアルティ」：従業員の心的側面で，顧客からの感謝や顧客との信頼関係の構築によって従業員満足が高揚し，従業員の当該企業に対する所属性の感情が高まり，当該企業や経営者に対し高いロイアルティを抱く．

⑥「経営理念の浸透」：自身と顧客の間に信頼関係をもたらすような経営を行った経営者にロイアルティを高めた従業員は，そのような経営の基となる「経営者の生きざまから生まれた経営理念」への浸透をさらに深める．

⑦「民主的リーダーシップ」：経営者は，従業員による経営活動の成功体験の経験則から，当該企業の組織内部に社会貢献志向や顧客志向の組織風土がこれまで以上に醸成されるように，従業員を尊重し能力を発揮させる民主的リーダーシップによるマネジメントを行い，連環が止まらないよう従業員の「想い」を鼓舞し，従業員のY理論的職業意識を高める．

⑧「良好な人間関係」：⑥や⑦から，企業組織内では従業員相互の協力関係が醸成され，「社会貢献志向や顧客志向の製品を生み出す」という目標に向かって組織が一体化され，連環の推進力を一層高める．

図8-4の連環を，本書第5章で取りあげたC社に当てはめると次のように説

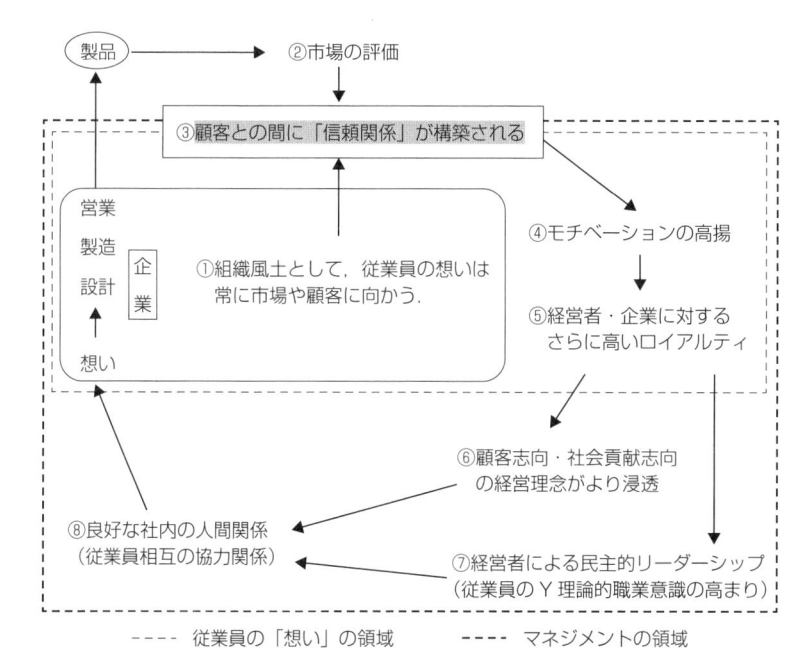

図8-4　経営行為における「想いの連環」

（出所）　筆者作成.

明することができる.

① 「組織風土」：経営者が従業員の持っている職人気質や匠の心を信頼して仕事内容にあまり口出しをせず現場に権限を委譲していったことで，従業員同士が互いに製品改良の技術や顧客ニーズの深堀の技法を研鑽するといった，常に従業員が市場や顧客満足を志向する組織風土を形成している.

② 「市場の評価」：顧客の注文を受けた代理店からオーダーを受けて高級商品ケースを製造する際，C社は基本的に無理難題を断らない姿勢を一貫し，外注に製作を依頼したり，他社と共同製作したりするといったことは行わず，必ず自社内で製品化している．このことが代理店の顧客ニーズを満たし，市場の評価につながっている.

③ 「信頼関係」：C社が，「どのような顧客からの要望にも自社内で製品化する」という経営方針を頑なに守って製品開発を行うことで，C社の代理店も安心して顧客から様々な注文を受けることができ，顧客や代理店との間に厚い信頼関係を構築している.

④ 「モチベーション」：同社の1人の従業員が最後まで責任を持って製造するという方針は，従業員が責任を持って仕事をすることになり，良い製品を継続して製造する従業員が，顧客から代理店を通じて直接評価される．このことで従業員は代理店や顧客に対して直接感謝の念や信頼関係を生じさせている．そしてそのことが，従業員のモチベーションの高揚につながっている（同社製造部長談）.

⑤ 「ロイアルティ」：C社は完全なオーダーメイド制で製品を作成しているため，顧客の製品に対する高い評価やお礼の言葉が，代理店を通じてダイレクトに作成した従業員個人に伝わる．従業員は，顧

客や代理店との信頼関係の構築を実感することができる．そのことが，当該企業の従業員であることに誇りをもって仕事をする従業員を育み，当該企業や経営者に対する高いロイアルティを醸成することになっている（C社製造部長談）．

⑥「経営理念の浸透」：1人の従業員が最後まで責任を持って製造する方針は，良い製品を継続して製造する従業員が客観的に評価される仕組みになっている．この仕組みは，従業員が創業者の想いでもある「顧客の要望を全て受け製品化する」という経営方針（＝経営理念に該当）を具現化した場合，客観的な評価基準によって適正に評価をすることになるため，従業員に対する経営方針の浸透が促進されている．

⑦「民主的リーダーシップ」：経営者が従業員の持っている職人気質や匠の心を信じ，仕事内容にあまり口出しをせず現場に権限を委譲したことで，各々の従業員が自ら技術志向を強めている．

⑧「良好な人間関係」：これらの結果，従業員同士が互いに製品改良の技術や顧客ニーズの深堀の技法を研鑽する組織風土が形成されている．

　このようにC社の経営活動には，「顧客の要望を全て受け製品化する」という顧客志向の経営方針をもとに，従業員が「想い」を製品に昇華する連環プロセスが存在していた．経営陣が，職人の技と気質を信じその能力を伸ばすという，民主的な人事管理の方針を貫くことで，従業員の心的側面に「顧客の要望を全て受け製品化する」という経営方針が浸透し，従業員同士が互いに製品改良の技術や顧客ニーズの深堀の技法を研鑽する組織風土が形成された．その結果，従業員は高い技術志向をもって顧客の無理な注文も必ず製品化させ，そのことがC社の製品に高付加価値と信頼をもたらしている．

　一方，ここで仮に当該企業の経営者のリーダーシップが専制となってしまった場合は，これまでに説明してきた「連環」プロセスは停止する．この場合の

従業員の「想い」は，次のような経路を辿り，やがて消滅する（図8-5）.

① 「専制的リーダーシップ」：従業員は経営者を唯一絶対の価値基準として意識
することになり，従業員の「想い」は社会貢献志向や顧客志
向の方向からかけ離れてしまう．ワンマン経営者の圧力と恐
怖といった専制的リーダーシップにより従業員の職業意識は
低下してしまう．

② 「社 内 政 治」：組織が小さく専制的な雰囲気では，組織内部の従業員間の
「緊張」が大きくなり，経営者と従業員の集団は明確に区別
される．組織内の権力者は自らの既得権益を守るため，変化
を否定する．従業員の意識は集団内に閉じ込められ，従業員
は自己保身のための社内政治に向かう．

③ 「人 間 関 係」：従業員は互いに信頼できず保身に走っていき，組織内では，
他の従業員のあら捜しや，経営難の場合ではその犯人探しを
従業員同士で行うような，いわゆる「足の引っ張りあい」の
状況となり，冷め切った閉鎖的な組織特性を帯び，人間関
係は悪化する．

④ 「組 織 特 性」：従業員は保身のために，経営者に評価されることだけを意識
して職務を遂行する．経営者は市場の評価を意識することが
ないため，従業員に対し顧客志向・社会貢献志向の経営理念
の浸透ができない．

⑤ 「市場の評価」：当該企業からは社会貢献志向や顧客志向の製品は生産されな
いために，市場の評価を受けることはなく，また企業内部で
連環がなされるために，その評価の情報を「次の想い」に還
元し次の製品を生むといったプロセスも途絶する．その結果，
「想い」は連環されず消滅する．

　もし仮に，このような企業組織に職業意識の高い従業員が就業していたとし

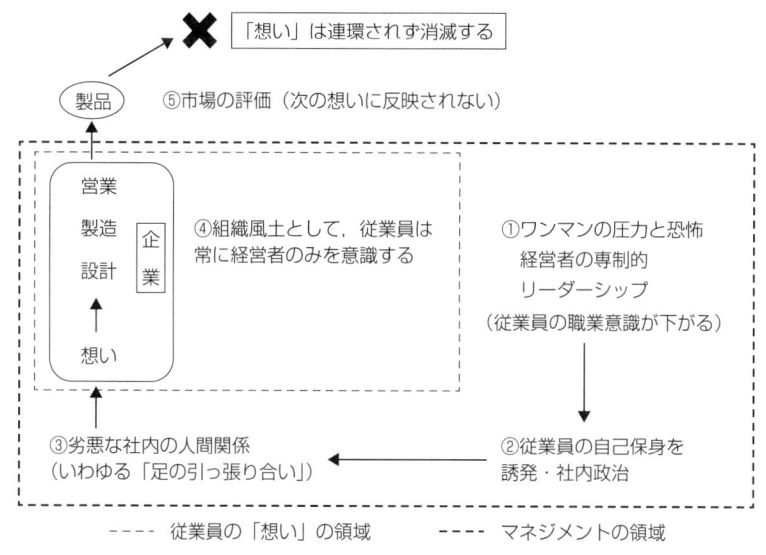

図8-5　経営行為における「想いの非連環」

（出所）　筆者作成.

　ても，自身の本来持っている高い職業意識としての「想い」は，いわゆる「内向き」の組織風土によって自身の胸の内に押し込められ，組織内の様々な低道徳特性の圧力を受け自らの「想い」を停止させ，経営者の指揮命令に対し盲目的に従うこととなるであろう．従業員は，このような組織風土のなかでは市場との脈略を絶たれ，市場に対し盲目となり，意識は経営者や上司，同僚といった組織内部の人間関係に支配されるようになる．この場合，当該従業員は，製品を市場に送り出すものの，経営者さえ満足ならば市場の評価を気にすることもない．

　このような経営活動の連環の結果から生み出された製品が，例えば市場や顧客のニーズに適合しない製品の場合，以上のような組織風土のままでは是正されることなく，経営者の指揮命令のままに販売・提供されることになる．市場や顧客のニーズに適合しない製品は思うように市場に流通できず，そのため強引な営業活動である「セリング」を行うことになる．

　そもそも，購入する人の役に立ちニーズを満たすからこそ製品が売れるのであり，企業組織において従業員相互が「人々のためや社会のため」という経営理念に心から共鳴することで「想い」が醸成され，社会貢献志向や顧客志向の製品が生まれる．このような製品は，それを作り出そうとする「従業員の想い」の捻出作用である経営活動の連環によって成熟していく．そのため経営者は，組織内で従業員相互の協力関係が醸成され，従業員達が「社会貢献志向や顧客志向の組織風土を醸成する」という目標に向かって連環の推進力を高めるように適切なマネジメントを行い，経営活動の連環が停止しないように従業員の職業意識を鼓舞し続けることが求められるのである．

第3節　連環の継続と「1対1型のコーポレート・ブランド」の醸成の関係

　従業員の「社会貢献志向や顧客志向の職業意識」から生みだされた製品を継続して提供することで，当該企業と信頼関係を構築していた顧客は，次に当該企業のファンとなって信頼関係を密にしながら，継続した購買行動や口コミによる宣伝活動を通じて当該企業を支援するようになる．本節では，継続した経営活動の連環がどのようにファンを醸成し，「1対1型のコーポレート・ブランド」を醸成するのかについて考察する．

　組織内において，連環の継続は従業員の「想い」をさらに強化する．従業員は，連環の継続を通じて経営理念を体得し，顧客・市場に対して，社会貢献志向・顧客志向の製品を継続して提供することになる．このことで顧客の心理面には，「あの企業は次も素晴らしい製品を提供してくれるだろう」という期待感が生じ，また従業員の心理面には，「顧客満足の上昇」という顧客の変化が実感され，従業員のモチベーションは上昇する．このようなことを通じて，従業員の心理面に社会貢献志向・顧客志向の経営理念がより強く浸透され，その結果，従業員の「想い」の方向と経営理念の示す方向が合わさり連環の質をさ

らに高めていく．連環の質の向上は，当該企業の組織内に社会貢献志向・顧客志向の組織文化を強固にし，当該企業への従業員の帰属意識は高まり組織集団のモラールが上昇する．モラールの上昇は，従業員を経営理念に則った経営行動を能動的に実行させ，その結果，連環が増すほど，社会貢献志向・顧客志向の強い製品・サービスがさらに生産されることになる．

　本書第5章で取りあげたB社の事例では，トップシェアを維持するほどの同社の製品開発の背景には，B社の従業員への徹底した顧客志向の経営理念の浸透と，従業員を家族のように大切にし，従業員の想いに耳を傾け，日々のひらめきやアフターサービスの現場からの顧客の要望などを積極的に製品化するというB社の組織風土が存在していた．そこから従業員は，B社に高いロイアルティを抱くことでモチベーションが高まり，社会貢献志向や顧客志向に向かう意識を主体的に喚起することになった．その結果，B社の製品に手厚いアフターサービスが一体となった「パッケージ製品」が生まれていた．

　市場においては，連環の継続は顧客を次第にファンへと進化させる．連環の継続は回数の上昇で顧客の心理面に顧客満足を生み，当該企業に対してロイアルティを醸成するようになる．連環の継続と連環の質の向上がかけ合わさることで，顧客は次第に当該企業のファンへと進化する．その結果，顧客と当該企業が連結され連環の質が高まり，顧客・企業という互いの立場上の関係は合一され，「一体感（第4章図4-1内のブランド伝達パイプに相当）」が互いの心理面に醸成されるのである．

　本書第5章B社の事例では，製品の故障や緊急対応が必要になった時，顧客に1人の担当者が問題解決までサポートを行い，問題解決後はトラブル防止のためにヒアリングを継続するといった徹底したアフターサービスを行っており，その背景には顧客が希望するイメージとニーズを常に念頭に置く社風が影響していた．また，アフターサービスから生じた数々のデータは，故障や緊急対応の情報を製品開発に活かすように社内で徹底して協議が行われ，問題点を分析して次回の製品開発に活かされ，そこから顧客は，B社の製品に対する安心感

とB社に対する信頼感を抱き，B社に対してロイアルティを抱くようになっていた．そして，このような顧客志向の経営活動の連環の継続で，顧客との間に信頼関係を育み，顧客はB社のファンへと進化していた．

　一般に顧客とは，たとえ一度納得して製品を購入したとしても，次回も顧客に見合う条件を満たさなければ，当該企業から気持ちが離れていくものである．しかし，顧客が当該企業のファンへと進化することで，当該企業に対し常に深い関与と長期的な商取引が行われることになる．さらにファンは，自ら当該企業の良き理解者として市場に対し当該企業の製品や経営活動を宣伝する役割を担う．ファンと一般の顧客は，当該企業に対し売買関係を構築するという点においては一見同じく見えるが，最も大きな相違点は，ファンは高いロイアルティを当該企業に抱いていることであり，それが連環の継続によってスパイラルアップされ，ファンの心理面で当該企業に対するブランドイメージとなって現れてくる．これが「1対1型のコーポレート・ブランド」の醸成である（図8-6）．

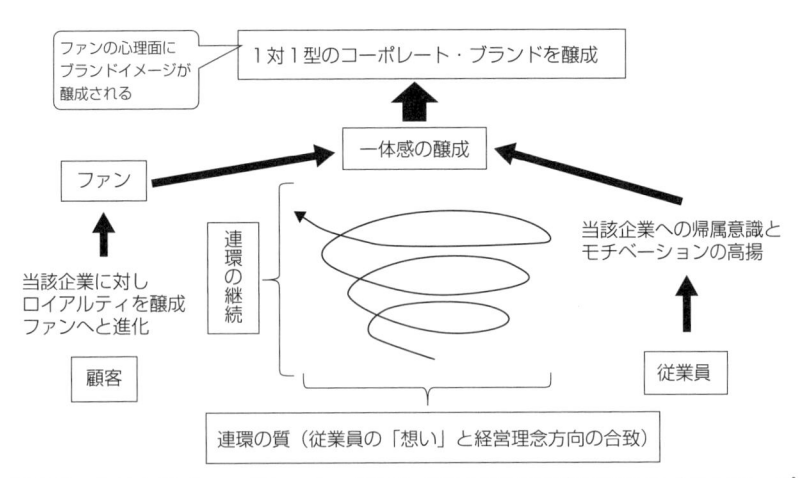

図8-6　1対1型のコーポレート・ブランドを醸成する連環のスパイラルアップ
（出所）　筆者作成.

　ときにファンの中から，さらに強固に当該企業と関わろうとする「熱狂的な
ファン」が出現することもある．「熱狂的なファン」は，当該企業が製品を市
場に提供する限りどのような製品であろうとも購買を続けるといった献身的な
消費行動を取り，当該企業との間により強固な「一体感」を醸成する．この
「強固な一体感」は，熱狂的なファンと当該企業が互いの立場を超え「絆」を
形成し，「1対1型のコーポレート・ブランド」の基となる連環のスパイラル
アップを強力に推進するのである．

第 9 章

「暖簾」から「ブランド」へ

　本書の第1章にて，下請中小企業が収益性の高い企業へ転換するためには，独立型中小企業や自立型下請企業として進化する必要があり，自社の持てる強みやポテンシャルをコーポレート・ブランド化させ，対象市場の消費者，発注企業，サプライヤーに「選ばれる企業」として認知されることが必要であることを指摘した．

　中小企業が生き残っていくには，自社が強みを持ち企業自体がブランド化され，長期安定的に高利潤で指名取引される事が求められる．そのために企業は，自社の持てる強みやポテンシャルを最大限生かして，市場から求められる質の高い製品を継続提供する事が必要となる．それを可能とするのが，本書でこれまで考察し，明らかとしてきた中小企業独自のコーポレート・ブランドである．

　中小企業独自のコーポレート・ブランドの醸成は，市井の人々の信用・信頼の獲得と同じく，実直な日々の経営から生み出される良質な「社会貢献志向や顧客志向の製品」を継続提供することによって，市場から当該中小企業がブランド認知を受ける．その仕組みは，企業の向かうべき方向性を社会貢献志向・顧客志向の経営理念によって定め，従業員が経営理念を理解し，さらに民主的なリーダーシップで従業員の主体性を高め職業意識を高めることで，当該企業から「社会貢献志向や顧客志向の製品」が市場に送り出されることになる．このような特性を持った製品を継続提供することによって顧客が当該中小企業にロイヤルティを抱くファンとなり，当該企業はブランド認知を受ける．

　中小企業のブランド醸成とは，トレードマークを作ったり，企業がブランドを設立し運営したりしていくようなブランド構築とは違い，マーケティングやブランディングを意識しない実直で道徳的な日々の経営の積み重ねによって，いつしか当該中小企業に醸成されて付帯され，やがて企業努力と市場成果との連環装置となって当該中小企業と消費者，発注企業，サプライヤーを仲介するのである．これによく似たものが，日本で古くから親しまれてきた「暖簾」であろう．

　「暖簾」は掲げた時から，自らに「信用・信頼」「社会貢献」「職業的使命」

といった商売道徳を義務づけ，当該企業の商いに対する姿勢を世間に知らしめる．例えば「売り手良し，買い手良し，世間良し」の三方良しで知られる近江商人の心得は，まさしく「暖簾」を自らの鏡とし，社会貢献と商いを連結させたものであった．

21世紀を迎えた現代社会において「暖簾」は「ブランド」と名を変えたものの，中小企業の世界において依然変り無く脈々と存在する．このような「暖簾」の要素は，「選ばれる企業」として認知される中小企業のコーポレート・ブランドの要素でもあり，どちらも最終的に問われるものは人としての「徳性」である．

大企業に比べ事業規模の小さい中小企業は，従業員相互の影響力や顧客の関与の影響が非常に大きく，そのため，中小企業独自のコーポレート・ブランド醸成は，経営理念や人事管理の視点やあり方が問われている．人々が和を大切にし，苦労を厭わず社会のために良品を作り，過剰な利益を求めず社会貢献のお礼として利潤を生みだすといった，企業経営と生活が調和していた日本の旧来ながらの経営活動は，やはり文化として我々の心に刻まれているのである．急激に進化した文明と市場経済システムの中で，我々はその事を一時的に忘却してしまったのかもしれない．その証拠に，未だに最も効果の高い宣伝広告は「口コミ」であり，また，市場も解いていけば，悲喜・悲哀に満ちた愛すべき人間の集合体である．研究を進めていくことで出てきた本書の結論は，旧来から日本に脈々と受け継がれている「商売道徳」の要素であった．

このようなことから企業経営は，社会貢献を志向する実直な日々の経営という「商い」の原点に立ち返るべきであり，そうやって生まれくる製品の継続提供が，顧客をファンにし，当該中小企業にコーポレート・ブランドを醸成させるのである．

最後に，本書の成果とオリジナリティおよび今後の研究課題を記しておきたい．

本書では，中小企業のコーポレート・ブランドの概念と生成の過程を明らか

にした．これまでの考察から，本書の成果とオリジナリティについては，以下の通りとなる．

第1に，中小企業のブランドには，ニッチ市場でトップシェアを取ることでブランド想起率が上昇するという「ニッチトップ型コーポレート・ブランド」以外に，本書によって新たに，中小企業と顧客が1対1の関係の中でブランドを醸成していく「1対1型のコーポレート・ブランド」があることを見出し，その概念を定義し生成メカニズムを解明している．

第2に，事例研究から，「1対1型のコーポレート・ブランド」が，当該中小企業にロイヤルティを持った特定の顧客からのみブランド企業の認知を受ける極めて微視的なブランドとして醸成されること，その後ニッチ市場でトップシェアを獲得する等事業規模の拡大によってブランド力がニッチ市場で強化され，一般的なブランド概念に近い形（＝ニッチトップ型のコーポレート・ブランド）にブランドの質が変化することを明らかにしている．

第3に，コーポレート・ブランドを醸成している中小企業には，徳性（社会貢献志向や顧客志向）を強く意識した「経営理念」と，それを従業員に深く浸透させた「組織風土」，従業員を尊重し能力を発揮させようとする「人事管理」が備わっていることを指摘している．

第4に，コーポレート・ブランドを醸成している中小企業の組織内部では，徳性を志向する高いモラールが従業員に生じ意識の転換が図られ，この転換された意識が社会貢献志向や顧客志向に満ちた製品を生み出し，さらに，これら製品がファンを生み，コーポレート・ブランドを醸成し，これが経営者や従業員に刺激を与え，モチベーションを高揚させているという「連環作用」を導き出している．

本書によって，これまで学術的には議論の対象から外れ，また実務サイドからは「なんとなく有る」として曖昧なままとなっていた「1対1型のコーポレート・ブランド」の概念と生成プロセスが解明されたことで，困窮に喘ぐ多くの中小企業の実務に対して何らかの貢献ができるのではないか．

　今後の研究課題としては，この研究成果を中小企業経営の実務に落とし込み，本書の理論と中小企業経営の相互作用を再度考察し，研究成果として導かれた「中小企業のコーポレート・ブランド生成理論」の精度をさらに高めていくという作業が残されている．できうる限り多くの中小企業に対して本書の研究成果を援用し，公式統計やアンケート調査など定量的なデータも活用しながら臨床的にデータを積み上げ，そこから中小企業経営の実務現場で使用可能なより普遍的かつ実践的な理論に確立させていくことを，これからの研究テーマとして取り組んでいきたい．

　一例として，本書では中小企業のコーポレート・ブランドの醸成と従業員に対するインセンティブやアイデンティティの共有への議論も展開したが，このメリットは，さらに研究を進行させることで，中小企業のコーポレート・ガバナンスの問題等の事例研究にも援用・反映させることも可能かと考える．

　本書の研究によって，異質多元といわれ企業研究の対象となり難い存在と見られていた中小企業のコーポレート・ブランドの醸成理論が学術的に解明できたのならば，これまでの中小企業での拙いサラリーマン経験も無駄にならずにすんだものと嬉しく思う．本書の研究が，中小企業に従事する人々に微力ながらも貢献出来るのならばこれほどの幸せはないであろうと，些少の感傷を込めて切に想う次第である．

あ と が き

　本書は，2018 年に北九州市立大学大学院社会システム研究科に提出した博士論文を加筆修正したものである．執筆にあたり多くの方々のお世話になった．学部時代の恩師である故竹内毅先生（九州国際大学）からは，中小企業論や経営学，西田哲学についてご指導いただいた．本書の研究視角は，竹内先生の教えを基礎としている．九州国際大学大学院で修士論文のご指導を頂いた宮崎昭先生からは，今日にいたる私の研究テーマである「中小企業のコーポレート・ブランド」の研究のスタートを導いて頂いた．教育学がご専門の中里彰先生（九州国際大学）からは，組織学や集団心理学の視座より大変貴重なアドバイスをいただいた．伊藤重行先生（松蔭大学）からは，本書のブランド連環のフレームワークともなった多元的統合の世界観を，システム哲学を通じてご指導いただいた．北九州市立大学大学院で博士論文のご指導を頂いた吉村英俊先生からは，中小企業診断士としての経営診断のご経験と中小企業への学術的なご研究の成果をもとに，実務・理論の両面を架橋した的確なご指導を頂いた．本書は，ひとえに吉村先生をはじめ諸先生方のご指導の賜物である．

　本書をまとめるにあたり，これまでご指導いただいた多くの先生方，事例研究でご協力いただいた企業関係者の皆様，また出版に際してご協力いただいた晃洋書房編集部丸井清泰氏，そのほか，これまで浅学の我が身をささえていただいた多くの方々に，心から厚く御礼申し上げる．

　2019 年 8 月

坂 本 隆 行

参 考 文 献

【邦文献】

青木仁志［2008］『戦略を超える理念経営』アチーブメント出版.

青木幸弘［1999］『ブランドビルディングの時代——事例に学ぶブランド構築の知恵——』電通.

―――――［2004］「製品・ブランド戦略と価値創造」, 青木幸弘・恩蔵直人編『製品・ブランド戦略』有斐閣.

青島矢一［2001］「イノベーションと企業戦略」, 一橋大学イノベーション研究センター編『イノベーション・マネジメント入門』日本経済新聞出版社.

赤石義博［2001］『経営理念——人と大地が輝く世紀に——』鉱脈社.

有吉秀樹［2008］『コーポレート・ブランド価値測定モデルの提唱』白桃書房.

池田潔［2007］「自立型下請企業のビジネスモデル分析」『北九州市立大学都市政策研究所紀要』1.

石井淳蔵［1999］『ブランド——価値の創造——』岩波書店.

―――――［2004］『マーケティングの神話』岩波書店.

石井淳蔵・横田浩一［2007］『コーポレートブランディング格闘記——BtoB ブランディングの実践ストーリー——』日本経済新聞社.

伊丹敬之［1980］『経営戦略の論理』日本経済新聞出版社.

―――――［2005］『場の理論とマネジメント』東洋経済新報社.

伊藤邦雄［2000］『コーポレートブランド経営』日本経済新聞社.

伊藤重行［1988］『システム哲学序説』勁草書房.

伊藤真［2007］『会社コンプライアンス——内部統制の条件——』講談社.

伊藤昌直［2011］『中堅・中小企業の「事業シフト」戦略』ダイヤモンド社.

伊藤良二［2001］『コーポレートブランド戦略』東洋経済新報社.

井上善海［2002］『ベンチャー企業の成長と戦略』中央経済社.

浦野恭平［2010］「中小企業と「個」を活かす経営——知識経営の実践に向けて——」『北九州市立大学商経論集』45(1-4).

岡田浩一［1999］「中小企業を巡る環境変化とその対応——集積構造の変化という視点から——」, 前田重郎・石崎忠司編『中小企業の現状とこれからの経営』中央大学出版部.

太田一樹［2008］『ベンチャー・中小企業の市場創造戦略——マーケティング・マネジメントからのアプローチ——』ミネルヴァ書房.

小野桂之介［2000］『ミッション経営のすすめ』東洋経済新報社.

恩蔵直人 [2004] 『マーケティング』日本経済新聞社.

柿野鉄吾 [1987] 「わが国経済と中小企業」，車戸實編『中小企業論』八千代出版.

片平秀貴 [1999] 『新版 パワーブランドの本質——企業とステークホルダーを結合させる「第五の経営資源」——』ダイヤモンド社.

川上義明 [2006] 「下請中小企業の経営に関する一考察——新しい視点からの検討——」『福岡大学商学論叢』51.

清成忠男 [1997] 『第3版 中小企業読本』東洋経済新報社.

清成忠男・田中利見・港徹雄 [1996] 『中小企業論』有斐閣.

近畿経済産業局 [2007] 『近畿の元気な企業に学ぶニッチトップ企業を目指すための知的財産戦略ガイドブック——知財で躍進！ニッチ市場は儲かりまっせ——』近畿経済産業局地域経済部特許室.

久保村隆祐・荒川祐吉編 [1974] 『商業学——現代流通の理論と政策——』有斐閣.

栗木契 [2004] 「ブランド価値のデザイン——ブランドを基軸とした売れる仕組みのメカニズム——」，青木幸弘・恩蔵直人編『製品・ブランド戦略〔現代のマーケティング戦略①〕』有斐閣.

酒井光雄 [2000] 『価値最大化のマーケティング——脱コモディティを実現する10の領域——』ダイヤモンド社.

堺屋太一 [1993] 『組織の盛衰——何が企業の命運を決めるのか——』PHP研究所.

坂本光司 [2008] 『日本でいちばん大切にしたい会社』あさ出版.

——— [2010] 『日本でいちばん大切にしたい会社2』あさ出版.

——— [2011] 『日本でいちばん大切にしたい会社3』あさ出版.

末松玄六 [1962] 「中小企業の成長とトップ・マネジメント」，村本福松・末松玄六・大石岩雄編『中小企業のトップ・マネジメント』ダイヤモンド社.

菅原正博・山本ひとみ・大島一豊 [2010] 『企業ブランディング』中央経済社.

鈴木信行 [2011] 『敗者の錯覚——あなたの努力が実らない40の理由——』日経BP社.

関橋英作 [2008] 『ブランド再生工場——間違いだらけのブランディングを正す——』角川SSコミュニケーションズ.

関満博 [1995] 『地域経済と中小企業』筑摩書房.

瀬戸正則 [2012] 『中小サービス業における経営理念の浸透促進に関する研究——ミドル・マネジメントの役割に着目して——』広島大学博士（マネジメント）学位論文.

高井紳二・宮崎洋 [2009] 『技術ブランド戦略』日本経済新聞社.

竹内毅 [1995] 『中小企業の経営』同文館.

田中利見 [1996] 「中小企業の経営戦略」，清成忠男・田中利見・港徹雄『中小企業論』有斐閣.

田中洋 [2002] 『企業を高めるブランド戦略』講談社.

田舞徳太郎 [2002] 『理念経営のすすめ——成功する会社の経営理念と戦略——』致知出版.

谷敷寛［1986］『中小企業倒産の構図』通商産業調査会.

外島裕［1995］「個人属性の理論と分析技法の開発」，羽石寛寿・地代憲弘・外島裕・松田浩
　　平・渡辺文夫『経営組織診断の理論と技法――人的側面を中心として――』同友館.

中小企業庁［2005］『中小企業白書 2005 年版』.

―――［2011］『中小企業白書 2011 年版』ぎょうせい.

中根千枝［1967］『タテ社会の人間関係』講談社.

日経トップリーダー編［2011］『なぜ，社員 10 人でもわかり合えないのか――鏡で世界一！
　　コミーに学ぶ少人数マネジメント――』日経 BP 社.

日経ビジネス編集部［2000］『こんな経営手法はいらない』日経 BP 社.

―――［2002］『小さなトップ企業』日経 BP 出版.

日本経営倫理学会編［2003］『経営倫理』日本経営倫理学会.

根井康之［1992］『西田哲学で現代社会を観る』農山漁村文化協会.

野家啓一［1993］『科学の解釈論』新曜社.

野中郁次郎・紺野登［2000］「場の動態と知識創造――ダイナミックな組織知に向けて――」，
　　伊丹敬之・西口敏宏・野中郁次郎編『場のダイナミズムと企業』東洋経済新報社.

野中郁次郎・嶋口充輝・価値創造フォーラム 21［2007］『経営の美学』日本経済新聞出版社.

羽石寛寿・地代憲弘・外島裕・松田浩平・渡辺文夫［1995］『経営組織診断の理論と技法
　　――人的側面を中心として――』同友館.

原田将［2010］『ブランド管理論』白桃書房.

藤沢武夫［1998］『経営に終わりはない』文芸春秋.

藤田耕司［2016］『リーダーのための経営心理学――人を動かし導く 50 の心の性質――』
　　日本経済新聞出版社.

本田仁視［2000］『意識/無意識のサイエンス』福村出版.

増田芳郎編［1977］『現代のエスプリ–企業と組織』至文堂.

水谷雅一［1988］『経営倫理学のすすめ』丸善ライブラリー.

三隅二不二編［1978］『グループダイナミックス――組織と人間の創造的研究――』旺文社.

三井逸友［2002］『現代経済と中小企業――倫理・構造・実体・政策――』青木書店.

三井光晴［1991］『現代商品開発論』中央経済社.

三戸公［1979］『自由と必然――わが経営学の探求――』文眞堂.

村尾隆介［2008］『小さな会社のブランド戦略――「生き方」と「働き方」が一致するビジ
　　ネスモデル――』PHP 研究所.

森清［1981］『町工場』朝日新聞社.

―――［1985］『町工場からの発想』講談社.

横田雅敏［2017］『動機づけのマネジメント――最高のマネジャーがやるべきたった 1 つの
　　こと――』プレジデント社.

余田拓郎・首藤彰敏［2006］『B 2 B ブランディング』日本経済新聞出版社.

四元正弘［2003］「ブランドを成立させる4つの基本要件と落とし穴」『Strategic manager』10.

【欧文献】

Aaker, D. A. [1991] *Managing Brand Equity:Capitalizing on the Value of a Brand Name*, New York: The Free Press（陶山計介・中田善啓・尾崎久仁・小林哲訳『ブランドエクイティ戦略――競争優位を創りだす名前，シンボル，スローガン――』ダイヤモンド社，1994年）.

――――［1996］*Building Strong Brands*, New York: The Free Press（陶山計介他訳『ブランド優位の戦略――顧客を創造するBIの開発と実践―― 第5版』ダイヤモンド社，2001年）.

――――［2000］*Brand Leadership*, New York: The Free Press（阿久津聡訳『ブランドリーダーシップ』ダイヤモンド社，2000年）.

Allport, G. W. [1948] "Foreword," in Lewin, K. ed., *Resolving Social Conflicts*, New York: Harper & Brothers（末永俊郎訳「まえがき」『社会的葛藤の解決』東京創元社，1954年）.

Ambler, T. [1997] *Fainancial Time Mastering Management*, IDM International, The London Business School and The Wharton School of the University of Pennsylvania（清水誠之・杉村雅人訳「ブランド・リレーションシップの構築」『MBA全集2 マーケティング』ダイヤモンド社，1998年）.

Barnard, C. I. [1938] *The Functions of The Executive*, Cambridge, Mass.: Harvard University Press（山本安二郎・田杉競・飯野春樹訳『新約 経営者の役割』ダイヤモンド社，1956年）.

Boulding, K. E. [1956] *The Image*, Ann Arbor, Mich.: The University of Michigan Press.

Chakraborty, A. [2013] "Importance of Brand for SMEs," *Journal Business Management & Social Sciences Research*, 2(3).

Greiner, L. E. [1972] "Evolution and Revolution as Organizations Grow," *Havard Business Review*, July-August.

Hatch, J. M. and Schultz, M. [2001] "Are the Strategic Stars Aligned you're your CorporateBrand?" *Harvard Business Review 2003*, Harvard Business school Publishing Corporation（ハーバード・ビジネス・レビュー編集部編・訳「コーポレートブランドの戦略的価値」『ブランディングは組織力である』DIAMOND, ダイヤモンド社，2005年）.

Hersey, P., Blanchard, K. H. and Johnson, D. E. [1996] *Management of Organizational Behavior,* Englewood Cliffs, N. J.: Prentis Hall（山本成二・山本あずさ訳『入門から応用へ 行動科学の展開【新版】――人的資源の活用――』生産性出版，2000年）.

Hutt, M. D. and Speh, T. W. [2004] *Business Marketing Management: A Strategic View of Industrial and Organizational Markets*, South-Western Educational Publishing（笠原栄一訳『産業財マーケティング・マネジメント』白桃書房，2009 年）.

Keller, K. L. [1998] *Strategic Brand Management*, Englewood Cliffs, N. J.: Prentice Hall（恩蔵直人・井昭宏訳『戦略的ブランド・マネジメント』東急エージェンー出版部，2000 年）.

———— [2003] *Strategic Brand Management and Best Practice in Branding Cases*, 2nd edition, Englewood Cliffs, N. J.: Prentice Hall（恩蔵直人研究室訳『ケラーの戦略的ブランディング』東急エージェンシー出版部，2003 年）.

Knapp, D. E. [2000] *The Brandmindset*, BrandStrategy（阪本啓一訳『ブランド・マインドセット』翔泳社，2000 年）.

Kotler, P. [2001] *Marketing Management, Millennium Edition*, Englewood Cliffs, N. J.: Prentice Hall（恩蔵直人訳『コトラーのマーケティング・マネジメント　ミレニアム版』ピアソン・エデュケーション，2001 年）.

———— [2003] *Marketing Insights From A to Z : 80 Concepts Every Manager Needs to Know*, John Wiley & Sons International Right（恩蔵直人監訳，大川修二訳『コトラーのマーケティング・コンセプト』東洋経済新報社，2003 年）.

Lewin, K. [1939] "Experiments in Social Space," in Lewin, K. ed., *Resolving Social Conflicts*, New York: Harper & Brothers（末永俊郎訳「社会的空間における実験」『社会的葛藤の解決』東京創元社，1954 年）.

McGregor, D. [1960] *Human side of Enterprise*, New York: McGraw-Hill（高橋達男訳『企業の人間的側面——統合と自己統制による経営——』産能大学出版部，1970 年）.

Merton, R. K. [1957] *Social Theory and SocialStructure*, New York: The Free Press（森東吾他訳『社会理論と社会構造』みすず書房，1961 年）.

Mitchell, C. [2002] "Selling the Brand Inside," Harvard Business school Publishing Corporation（ハーバード・ビジネス・レビュー編集部編・訳「ブランドの求心力は社内で醸成される」『ブランディングは組織力である』DIAMOND, ダイヤモンド社，2005 年）.

Nash, L. L. [1990] *Good Intention Aside A Manager's Guide to Resolving Ethical Problems*, Harverd Business School Press（小林俊治・山口善昭訳『アメリカの企業倫理——企業行動基準の再構築——』日本生産性本部，1992 年）.

Spence, M-Essoussi, L. H. [2010] "SME Brand Building and Management:an Exploratory Study," *European Journal of Marketing*, 44(7/8).

Wilfred, B. D-Raphael, W. [1948] *Managers: Men and Morale*, London: Macdonald & Evans, Ltd.

【雑誌】

グッズプレス編集部特別編集［1998］『THE OMEGA BOOK』徳間書店.

『日経ビジネス』2000 年 3 月 6 日号.

『日経ビジネス』2001 年 3 月 26 日号.

『日経ビジネス』2009 年 5 月 18 日号.

『日経ベンチャー』2005 年 4 月号「破綻の真相／スピードスター」.

『日経ベンチャー』2008 年 4 月号「ザ・経営者」.

【URL】

k_bird のインターネットブログ（http://www.missiondrivenbrand.jp/entry/kaitai_brandequity,
　　2018 年 3 月 24 日閲覧）.

厚生労働省 HP「平成 20 年度個別労働紛争解決制度施行状況」（http://www.mhlw.go.jp/
　　houdou/2009/05/h0522-4.html, 2011 年 2 月 10 日閲覧）.

サヤカ HP（http://www.sayaka.co.jp/index.html, 2018 年 7 月 11 日閲覧）.

タナベ HP（http://www.rd-tanabe.com/, 2018 年 7 月 11 日閲覧）.

チェリーテラス HP クリステルブランドサイト（http://www.cherryterrace.co.jp/product/
　　cristel/index.php, 2013 年 7 月 10 日閲覧）.

中小企業庁 HP「2010 年度版中小企業白書付属統計資料」（http://www.chusho.meti.go.jp/
　　pamflet/hakusyo/h22/h22/index.html, 2017 年 2 月 1 日閲覧）.

中小企業庁 HP「FAQ「中小企業の定義について」（http://www.chusho.meti.go.jp/faq/faq01.
　　html, 2017 年 2 月 1 日閲覧）.

中小企業庁 HP「中小企業白書 2005 年」（http://www.chusho.meti.go.jp/pamflet/hakusyo/
　　h17/hakusho/html/17211220.html, 2015 年 12 月 15 日閲覧）.

中小企業庁 HP　『中小企業白書 2005 年版』「第 2 部 経済構造変化と中小企業の経営革新等」
　　（http://www.chusho.meti.go.jp/pamflet/hakusyo/h17/hakusho/html/17211220.html,
　　2017 年 2 月 1 日閲覧）.

中小企業庁 HP「中小企業白書 2014 年」（http://www.chusho.meti.go.jp/pamflet/hakusyo/
　　H26/PDF/h26_pdf_mokuji.html, 2015 年 12 月 15 日閲覧）.

錦見鋳造 HP（http://www.nisikimi.co.jp/, 2018 年 7 月 11 日閲覧）.

日本経済新聞 HP（http://www.nikkei.com/article/DGXNZO45103120X10C12A8L91000/, 2013
　　年 7 月 10 日閲覧）.

日刊工業新聞 HP（http://www.nikkan.co.jp/genki-j/090304.html, 2013 年 7 月 10 日閲覧）.

白鳳堂 HP（http://www.hakuho-do.co.jp/, 2018 年 7 月 11 日閲覧）.

人 名 索 引

事項索引

《著者紹介》

坂 本 隆 行（さかもと　たかゆき）

松蔭大学経営文化学部講師，博士（学術）
1977 年　生まれ（福岡県出身）
2011 年　九州国際大学大学院企業政策研究科修士課程修了
2018 年　北九州市立大学大学院社会システム研究科博士後期課程修了
　　　　　民間企業勤務・高校教員を経て，
2019 年　現職

主要業績

「中小企業の経営戦略と市場共生に関する一考察」『アジア共生学会年報』9，
　　2013 年.
「中小企業独自のブランディングメカニズムの分析」『九州経済学会論集』51，
　　2013 年.
「中小企業のブランド生成に関する事例研究――ニッチトップ型パワー・ブラ
　　ンド企業の経営特性とブランド生成の関係性からの考察――」『アジア共
　　生学会年報』10，2014 年.
「中小企業の組織風土とコーポレート・ブランド生成の関係に関する一研究」
　　『九州経済学会論集』53，2015 年.
「中小企業における経営理念のあり方に関する一考察」『アジア共生学会年報』
　　14，2018 年.

中小企業のコーポレート・ブランド生成
――自立した経営を目指して――

2019年10月10日　初版第 1 刷発行	＊定価はカバーに
	表示してあります

著　者　　坂　本　隆　行Ⓒ

発行者　　植　田　　　実

印刷者　　田　中　雅　博

発行所　株式会社　晃 洋 書 房

〒615-0026　京都市右京区西院北矢掛町 7 番地
電　話　075(312)0788番(代)
振替口座　01040-6-32280

装丁　㈱クオリアデザイン事務所　　印刷・製本　創栄図書印刷㈱
ISBN978-4-7710-3241-5

JCOPY〈（社）出版者著作権管理機構 委託出版物〉
本書の無断複写は著作権法上での例外を除き禁じられています.
複写される場合は，そのつど事前に，（社）出版者著作権管理機構
（電話 03-5244-5088，FAX 03-5244-5089，e-mail: info@jcopy.or.jp）
の許諾を得てください.